Joseph Alexander von Helfert

Russland und Österreich

Joseph Alexander von Helfert

Russland und Österreich

ISBN/EAN: 9783743382480

Hergestellt in Europa, USA, Kanada, Australien, Japan

Cover: Foto ©ninafisch / pixelio.de

Weitere Bücher finden Sie auf **www.hansebooks.com**

Rußland

und

Oesterreich.

—◆—

Von

Joseph Alexander Freiherrn von Helfert.

Wien, 1870.

Wilhelm Braumüller
k. k. Hof- und Universitätsbuchhändler.

... quello che tutti i principi savi debbono fare, i quali hanno ad aver non solamente riguardo agli scandali presenti, ma ai futuri, ed a quelli con ogni industria riparare, perchè prevedendosi discosto, facilmente vi si può rimediare, ma aspettando che ti si appressino, la medicina non è più a tempo, perchè la malattia è divenuta incurabile.

Macchiavelli, *Il principe III.*

I.

Die panslavische Mission der moskovitischen Großmacht ist, unseres Wissens, noch nie in solcher Nacktheit hingestellt, in solcher Schärfe formulirt, mit solcher Kühnheit erörtert und bis in ihre letzten Consequenzen verfolgt worden, als in einer jüngst in Rußland erschienenen Schrift, deren Bedeutung überdieß um so höher anzuschlagen ist, als sie nicht etwa einen jugendlichen Phantasten oder einen „politischen Hochstapler", sondern einen angesehenen Militär der russischen Armee und darum, wie zu schließen erlaubt sein dürfte, einen Mann von Erfahrung und reiferen Lebensansichten zum Verfasser hat. Wir kennen, da uns die Kenntniß der russischen Schrift und Sprache abgeht, das Werk des Generals Rostislav Fadějev „über die Waffenmacht Rußlands", worin er sich eingehend mit einer „militärisch-politischen Analyse der orientalischen Frage" beschäftigt, nicht aus unmittelbarer Anschauung. Allein der Prager „Pokrok" hat daraus in seinen Nummern 219 vom 4. bis 227 vom 12. December („Otázka východní se zřetele ruského") so umfassende Auszüge gebracht, daß wir uns mit einiger Beruhigung an diese Mittheilung aus zweiter Hand halten zu können glauben, um in den Gedankengang und die Beweisführung des russischen Verfassers klare Einsicht zu gewinnen.

Die Schrift Fadějev's ist, wie schon ihr Titel besagt, eine militärisch-politische. Sie widmet, wo sich ihr Gelegenheit dazu bietet, der strategischen Stellung Rußlands ihre volle Aufmerksamkeit. Sie berechnet die Streitkräfte des moskovitischen Reiches im Verhältnisse zu dessen Bevölkerung. Sie zählt die Kriegsmacht der Feinde Rußlands, sowie jene seiner wahrscheinlichen oder möglichen Bundesgenossen. Sie beschränkt sich in allen diesen Dingen nicht auf die Verhältnisse des Augenblickes; im Gegentheile, die Zukunft, und nicht einmal eine ganz nahe Zukunft ist es, der sie die Erfüllung ihrer Pläne anvertraut. Denn die Zeit müsse erst kommen, meint ihr Verfasser, da Rußland, dessen Bevölkerung bis zum Schlusse dieses Jahrhunderts auf hundert Millionen Seelen angewachsen sein dürfte, es nicht beim bloßen Wünschen werde bewenden lassen müssen. Und dies um so weniger, als dann auch die slavischen Volksstämme der Türkei und der österreichischen Monarchie, aus deren Mitte Fadějev eine active Bundeshülfe von nicht weniger als 500,000 Streitern erwartet, schon eine andere Ueberzeugung von den Absichten Rußlands gewonnen haben werden, als dieß bei der bisherigen Politik des Cabinets von St. Petersburg der Fall sein konnte. Habe doch noch im Jahre 1849 Fürst Paskěvič den Ruthenen, die ihn um Aufnahme in den russischen Staatsverband gebeten, zur Antwort gegeben, „er sei nicht gekommen Unterthanen gegen ihren rechtmäßigen Herrscher aufzuhetzen, sondern Aufständische ihm wieder zu unterwerfen", und habe zur selben Zeit Graf Medem dem Banus Jelačić, der zu ihm kam sich den „Rath Rußlands" zu erbitten, die Thüre gewiesen!

Was uns betrifft, so kann es uns hier ebensowenig auf die Treue der geschichtlichen Angaben des russischen Generals, als auf die Verläßlichkeit seiner Statistik der Zukunft ankommen, wie uns andrerseits alle Fachkenntniß mangelt, seinen militärischen und kriegswissenschaftlichen Combinationen nachzugehen. Uns soll nur die politische Seite von Fadějev's Auseinandersetzung beschäftigen, und wir werden uns daher zunächst bemühen, seine diesbezüglichen Ideen in aller mit der erforderlichen Deutlichkeit vereinbaren Kürze zu entwickeln. Wir werden dabei, auch wo wir seinen Namen nicht ausdrücklich anführen den russischen General allein sprechen lassen, nicht zwar immer mit seinen Worten, die wir, wie bereits erwähnt, nur theilweise durch das Organ des „Pokrok" kennen, aber jedenfalls in seinem Sinne und von seinem Standpunkte. Hören wir ihn also!

„Es ist die höchste Zeit, daß sich Rußland über seine Bestimmung und eigentliche Aufgabe klar werde, und darnach mit aller Entschiedenheit seine Mittel ergreife.

„Rußland hat einen zweifachen Weg vor sich.

„Entweder es bleibt localisirt, als Reich des russischen Volkes, das allem andern, was jenseits seiner gegebenen Gränzen liegt, fremd dasteht, jeden Gedanken einer Zusammengehörigkeit mit den übrigen Stammes= und Glaubensgenossen, die es ihrem Schicksale überläßt, verwirft. In diesem Falle müssen wir Russen uns aber auf die Folgen gefaßt machen, die daraus entspringen werden. Wenn wir nur bleiben wollen was wir sind, werden wir mit der Zeit nicht bleiben was wir sind. Schon haben wir in den letzten Decennien einen Rückschritt um den andern gemacht. Der Friede von Paris 1856 hat uns um die Oberherrschaft auf dem schwarzen Meere gebracht; der Krieg von 1859, aus welchem ein geeinigtes Italien hervorging, hat uns einen neuen Concurrenten im Orient mit 200,000 Streitern geschaffen; der dänische Krieg 1867 hat unserm Uebergewicht auf dem baltischen Meere einen Stoß versetzt; der österreichisch-preußische von 1866 hat uns den letzten Verbündeten in Europa genommen, Preußen, das in Folge dessen an die Spitze der deutschen Frage gedrängt wurde und das sich bisher nur noch durch die persönlichen Beziehungen unseres und seines Monarchen von wirklich feindseligem Auftreten gegen uns abhalten ließ. Wir werden bei der obigen Voraussetzung noch mehr Einbußen erleiden. Man wird uns aus dem schwarzen Meere ganz hinauszudrängen suchen; man wird uns Polen nehmen; wir werden es erfahren, daß unsere Ergänzungen, auf der einen Seite Finnland und Liefland, auf der andern Bessarabien und Krimm, europäische Fragen werden.

„Aus dieser herabstimmenden Alternative können wir uns nur durch die andere befreien, wenn Rußland aus seiner speciellen Sphäre heraus tritt und sich an die Spitze der gesammten slavischen und orthodoxen Welt stellt. Nicht dadurch, daß wir unsere Gränzen in Europa ausdehnen und dadurch die Feindschaft der übrigen Staaten, die sich uns schon jetzt bei jedem Anlasse entgegenstellt, noch mehr herausfordern; sondern dadurch, daß wir aus unsern jenseits der Gränzen Rußlands befindlichen

1*

Stammes- und Glaubensgenossen uns Verbündete schaffen und sie mit den engsten Beziehungen an uns fesseln.

„Wer steht uns bei Verfolgung dieses Zieles am empfindlichsten im Wege? In Rußland ist noch immer die Meinung verbreitet: die Westmächte. Doch dem ist nicht so. Das ferne England, von seiner Seemacht abgesehen, wird uns nie hart bedrängen können. Frankreich aber, wie sich jetzt die Dinge gestaltet haben, ist sogar unser möglicher Bundesgenosse der Zukunft. Bis zum Jahre 1866 besaß Frankreich freie Hände und hatte sich seit langem gewöhnt, in der uns zunächst berührenden orientalischen Frage einen Weg mit England zu gehen. Jetzt aber, seit Deutschland mehr und mehr seiner Einigung entgegenschreitet, hat Frankreich die Hände nicht mehr frei; es ist genöthigt, sich diesem mächtigen Rivalen gegenüber nach einem neuen Bundesgenossen umzusehen. Wer kann dieser sein? Oesterreich, von deutschen und magyarischen Parteibestrebungen in die Mitte genommen, kann es nicht sein; so bleibt ihm nur Rußland, das von dem geeinigten Deutschland in gleicher Weise bedroht wird wie Frankreich.

„Dieses Oesterreich nun ist Rußlands natürlicher, ist Rußlands nächster und gefährlichster Feind.

„Betrachten wir für's erste die orientalische Frage als solche. Die orientalische Frage, die uns so nahe und unmittelbar berührt, berührt eben so nahe und unmittelbar auch Oesterreich; sie ist für Oesterreich nicht bloß eine politische Frage wie für die Westmächte, sie ist für Oesterreich eine Lebensfrage wie für Rußland — nur für beide in entgegengesetzter Richtung. Je mehr die orientalische Frage ihrer unaufhaltsamen Lösung entgegengeht, desto schärfer muß sich das feindliche Verhältniß zwischen Oesterreich und Rußland zuspitzen; die ganze orientalische Frage ist im Grunde nur eine zwischen diesen beiden Großmächten. Wer hat bezüglich derselben allen Vortheil in Händen? Oesterreich! Der Schlüssel der strategischen Stellung im Orient ist in seinem Besitz; dies hat die Wendung bewiesen, die im letzten orientalischen Kriege in dem Augenblicke erfolgte, da Oesterreich mit in die Action eingriff. Wie die Dinge jetzt noch stehen, kann Rußland in den Angelegenheiten der europäischen Türkei nicht einen

Schritt vorwärts machen, wenn nicht Oesterreich seine Einwilligung dazu gibt; diese Einwilligung wird aber Oesterreich nie geben.

„Doch weiter! Die orientalische Frage befindet sich schon lang nicht mehr auf jenem Punkte, auf dem sie früher stand. Die Wiederaufrichtung des griechischen Kaiserthums ist unter den heutigen Verhältnissen eine Chimäre; Griechenland kann im besten Falle Epirus, Thessalien, den südöstlichen Theil von Macedonien, dann Kreta und Cypern für sich in Anspruch nehmen. In allen andern Gebieten der Balkan-Halbinsel ist das Griechenthum nur eingesprengt; der überwiegende Theil der Bevölkerung gehört der albanischen, der romanischen, und vor allem der slavischen Race an. Diese konnte man früher ignoriren und sie wurde früher ignorirt. Seit aber bei den Serben und Bulgaren das slavische Bewußtsein erwacht ist, seit zwischen ihnen und den österreichischen Slaven einerseits und Rußland andrerseits Sympathien erwacht sind, die täglich an Kraft und Ausdehnung zunehmen: seitdem hat sich die orientalische Frage zu einer wesentlich slavischen umgestaltet, und auch in dieser Richtung liegt der größere Vortheil nicht in den Händen Rußlands, sondern in denen Oesterreichs, das durch die stammverwandten Serben und Romanen innerhalb seiner Gränzen die Zukunftsfrage der Balkan-Halbinsel am linken Ufer der Save materiell, am rechten moralisch in seiner Gewalt hat und beherrscht.

„Durch den slavischen Charakter, den unter den gegenwärtigen Verhältnissen die orientalische Frage vorwaltend eingenommen hat, ist die letztere aber zugleich auf das innigste mit der polnischen verknüpft. Nun gehört zwar, dem Gebiete und der Volkszahl nach, der größere Theil des ehemaligen Polen zu Rußland; allein verhehlen wir es uns nicht, daß dieß, wenn nicht energische Maßregeln getroffen werden, ein Besitz von heute auf morgen ist. So lange nicht unsere westlichen Gouvernements entschieden russificirt sind — und was braucht es dazu, als durch ein paar Jahre einige Zehnmillionen Rubel, die uns alljährlich hundertmillionenfältige Ernte einbringen werden?! —, so lange wird jeder von Polen aus wider uns geführte Krieg unsere Macht in Frage stellen. Denn nicht bloß das eigentliche Weichselland, sondern auch das Gebiet des volhynischen Gouvernements, obgleich in demselben nur zehn Einwohner von hundert katholisch sind, wird mit dem Augenblicke reines Polen, da ein auswärtiger Feind seinen Fuß über unsere Gränzen setzt; der von unsrer Ueberwachung befreite polnische Adel ergreift die Zügel der Regierung und zwingt die übrige Bevölkerung, mit ihm und an seiner Seite für die Befreiung seines Vaterlandes zu kämpfen. Und auch hier wieder ist es Oesterreich, das wir am meisten zu fürchten haben; auch hier wieder ist Oesterreich das Schwert und der Schild jeder anti-russischen Coalition.

„So sehen wir, wie uns Oesterreich in allen Schritten hemmt. Rußland kann in der orientalischen wie in der polnischen Frage nichts unternehmen, ohne sich an Oesterreich zu stoßen, ohne von Oesterreich entschieden behindert, ja gefährdet zu werden. Und die beiden, die orientalische wie die polnische Frage, zeigen sich in wesentlichem Zusammenhange mit einander. Mag die erstere für das übrige Europa immerhin noch bleiben, als was sie bisher der Hauptsache nach galt: Herrschaft des Halbmondes oder Wiederaufrichtung des griechischen Kaiserthums; wir Russen haben keinen Grund unsere Augen vor den thatsächlichen Verhältnissen zu verschließen. Wir haben in dieser berühmten Frage die Zukunft der slavischen Race zu erkennen, die zwar bisher noch auf der Landkarte von Europa mit zweierlei Farben bezeichnet wird, die aber in Wahrheit in ihren beiden großen Verzweigungen, nach Norden und gegen Süden, nur eine und dieselbe ist. Wir können nicht mit einem Theile rühren, ohne daß für uns auch der andere in's Mitleiden gezogen würde. Die orientalische Frage läßt sich nicht am Balkan, die polnische nicht in Warschau, die Schwarzenmeer-Frage nicht am Bosporus allein entscheiden. Alle diese drei Fragen sind für uns in einen Knäuel verwickelt, dessen Lösung wir an der mittlern Donau zu suchen haben. Wie in jenem Märchen die Schrecknisse des verwunschenen Schlosses nur beim Anschlage an den Zauberschild schwinden, der in einem verborgenen Gemache dieses selben Schlosses aufbewahrt liegt, so lassen sich die internationalen Schwierigkeiten, die sich uns Russen bei Verfolgung unserer Ziele in den Weg stellen, nur durch einen Streich auf jenen Knotenpunkt beseitigen, der im Herzen Oesterreichs zusammenläuft.

„Wie führt Rußland diesen Streich?

„Dadurch, daß es die Sache aller Slaven und aller Orthodoxen mit entschiedenem Willen in seine Hand nimmt. Die Griechen und die Romanen sind zwar für Rußland nicht nothwendig, aber sie sind ihm als Glaubensgenossen theuer und willkommen. Die polnische Frage wird unser, sobald wir sie zu einer slavischen machen. Wir müssen die Polen als slavisches Volk gelten lassen, welches das gleiche und volle Recht hat, seine Stellung in der slavischen Völker-Familie einzunehmen und dem wir es gönnen müssen, die von ihm abgerissenen Stücke wieder an sich zu ziehen. Dann werden die galizischen Polen, anstatt, wie sie jetzt thun, ihr Heil von Oesterreich zu erwarten, unserer Einladung folgen, ihre Zukunft mit Rußlands Beihilfe und unter Rußlands Schutz zu fördern suchen. In ähnlicher Weise müssen wir auch gegen die andern Slavenstämme vorgehen. Welche andere Stütze wollten diese auch finden? Ja, welches Einigungsmittel haben sie nur ohne Rußland? Wird der Böhme die bulgarische, oder wird der Bulgare die böhmische Sprache annehmen? Daher muß Rußland in ihnen die Ueberzeugung wecken, daß es sie beständig im Auge hält, daß ihre nationalen Führer nur dort ihre Stütze und ihren Rückhalt finden, daß jeder Slave dort seine Heimat hat. Diese Ueberzeugung zu nähren und zu kräftigen, muß alles in Rußland zusammenwirken: Behörden, Vereine, Private. Sie alle müssen jederzeit offene Hände haben, jedes slavische Streben zu unterstützen, zu fördern. Die Regierung muß den um der slavischen Sache willen Verfolgten ein Asyl bieten, für welchen Zweck insbesondere wissenschaftliche Institute dienen können, da die Führer der Nationalen meist Gelehrte sind. Auch außer diesem Falle muß Rußland slavische Gelehrte an seine Anstalten berufen; es muß den Eintritt in seinen Staatsdienst, und vorzüglich in die Reihen seiner Armee, den übrigen Slavenstämmen nicht nur möglich machen, sondern muß denselben begünstigen. Das alles muß nicht einzelnweise, gelegenheitlich, hin und wieder geschehen, es muß allgemeine Regel, es muß System werden. Aber auch in seinem eigenen Hause muß Rußland die Sympathien für das gesammte Slaventhum stets wacherhalten, muß an seinen Lehranstalten Kanzeln für slavische Ge-

schichte und Literatur, für slavische Völkerkunde und Statistiker=
richten 2c.

„Und was wird, wenn sich die Dinge erfüllen, mit den anderen
Slavenstämmen geschehen? Rußland ist groß genug, um nach keiner
Erweiterung seiner europäischen Gränzen zu verlangen. Die andern
Slavenstämme werden daher ihre nationale Selbständigkeit behalten;
sie werden ihre eigenen Fürsten haben; sie werden ihre innern An=
gelegenheiten nach eigenem Ermessen verwalten. Auch Constantinopel
wird diesem Bunde angehören: es wird eine freie Stadt desselben
sein. Um sie alle aber wird Rußland ein großes Band schlingen;
die Behandlung der internationalen und militärischen Angelegenheiten
wird in seinen Händen liegen; der große slavische Zar wird ihr
gemeinsames Haupt sein. Der Bürger jedes einzelnen Stammes
wird vollberechtigter Bürger im ganzen Umkreise des slavischen
Bundesstaates sein. Die große slavische Familie, indem sie selb=
ständig und selbstthätig in jedem einzelnen ihrer Bestandtheile bleibt,
wird für die ganze übrige Welt als ein Reich dastehen. Diese
Einigkeit zu erzielen, wird es nothwendig sein, daß die Herrscher
aller einzelnen Stämme einer Familie angehören: das Haus des
Zars wird durch seine Nebenzweige den befreiten Boden des östlichen
Europa beherrschen. Alles das muß allmälig vorbereitet werden; die
Gelegenheit ist noch nicht da, aber sie wird, wenn Rußland consequent
sein Ziel im Auge hält, mit der Zeit kommen. Nur zwei Punkte
sind es, die wir sobald als nur immer möglich zurückerhalten
müssen: Ismail an der untern Donau und Ost=Galizien — jenes,
das uns erst gestern, dieses, das uns vor sechs Jahrhunderten ent=
rissen wurde.

„Rußland hat den Beruf, ja die heilige Pflicht, den christlichen
Osten zu neuem Leben zu erwecken. Es hat nur die Wahl zwischen
diesen beiden Eventualitäten: entweder es macht sich zum Anziehungs=
und Mittelpunkt der gesammten slavischen und orthodoxen Welt und
dehnt seine Hegemonie bis an die Ufer des adriatischen Meeres aus;
oder es läßt sich bis hinter den Dnjepr zurückdrücken. Versteht es
Rußland nicht, sich in allen zu seinem Berufe gehörigen Dingen
zum Herrn der Lage zu machen, so wird nicht bloß die orientalische,
sondern auch die polnische Frage ohne sein Zuthun entschieden werden.

Oesterreich wird seine Gränzen bis an den Balkan, bis an die Mündungen der Donau vorschieben, der große Kampf um die Herrschaft im Orient wird sich um die westlichen Gränzen Rußlands bewegen. Die Donau wird ein deutscher oder, was im Grunde dasselbe ist, ein ungarischer Strom, das schwarze Meer eine deutsch-türkische, wo nicht eine ganz deutsche See werden."

II.

Was sich im vorigen Abschnitte in kurzem Ueberblicke zusammengestellt findet, sind allerdings zunächst nur die Ansichten und Meinungen eines einzelnen Russen. Allein niemand, der die Zustände und die Entwicklung jenes merkwürdigen Reiches mit einiger Aufmerksamkeit verfolgt, wird zu läugnen vermögen, daß sich daselbst, mehr vielleicht als in irgend einem Lande des europäischen Festlandes, Bevölkerung und Regierung in allen großen Fragen, in allen die Grundlage und Hauptzielpunkte der nationalen Politik betreffenden Angelegenheiten in einem Einklang befinden, der in bedeutenderen Krisen der russischen Geschichte entscheidende, mitunter geradezu wunderbare Erfolge zu erzielen wußte. Die Regierung, von diplomatischen Rücksichten und Bedenklichkeiten umfangen, mag in manchen Stücken hinter den rascher vorwärts drängenden Wünschen der Masse oder Einzelner aus der Masse zurückbleiben: allein immer wird man finden, daß sich die beiden in einer Linie bewegen, daß sie ein und dasselbe Ziel im Auge haben.

Wenn wir die in der Schrift Fadějev's niedergelegten Gedanken mit einzelnen den letzten Jahren angehörigen Kundgebungen seiner Regierung vergleichen, so werden wir in mehr als einem Punkte auf überraschende Aehnlichkeiten stoßen. Fadějev sagt, Rußland bedürfe in Europa keiner territorialen Vergrößerung: erinnern wir uns recht, so hat ganz dasselbe Fürst Gorčakov nun die Mitte der sechziger Jahre in einem an seine Agenten bei den europäischen Cabineten gerichteten Rundschreiben gesagt. Fadějev empfiehlt seiner

Regierung, flavische Capacitäten an sich zu ziehen, flavischen Verfolgten im Gebiete Rußlands ein Asyl zu eröffnen. Thut dieß nicht das russische Gouvernement neuester Zeit in höchst auffallender Weise? Es erhebt unsern ruthenischen Domherrn Kuziemski auf den Bischofsitz von Chełm; es nimmt den in Lemberg verfolgten Professor Hołowacky in Polen auf und bietet ihm daselbst einen anständigen Posten; es beruft den k. k. Schulrath Bogišić, einen Ragusaner von Geburt, als Professor der slavischen Rechtsgeschichte an die Universität von Odessa; es zieht zahlreiche böhmische Candidaten an seine Gymnasien u. dgl. Wenn wir uns derlei Umstände nicht entgehen lassen, so gewinnen die Auseinandersetzungen Fadějev's unläugbar eine höhere Bedeutung. An und für sich interessant, erscheinen sie überdieß im Lichte einer nationalen Manifestation, der zugleich die Stimmungen der Regierung, vielleicht nur noch unausgesprochen, nicht ganz fernstehen. Dabei müssen wir zugeben, daß die in der Schrift Fadějev's enthaltenen Ideen der Hauptsache nach durchaus das richtige treffen: der Russe ist sich der Bedingungen des Bestandes, der Erhaltung, des Wachsthums und Gedeihens seines Vaterlandes klar bewußt; er übersieht weder, noch verkennt er die eigenthümlichen Gefahren, die es bedrohen, und blickt ihnen muthig in's Auge; er erfaßt aber mit gleichem Muthe die Mittel und Hebel, die diesen Gefahren bei Zeiten vorzubeugen, ja dieselben in ihr Gegentheil umzuwandeln im Stande wären.

Gehen wir von diesen Betrachtungen über das Verhalten der russischen Regierung und Bevölkerung in Sachen nationaler Politik auf die Zustände in unserem österreichischen Vaterlande über, so werden uns gewaltige Unterschiede auffallen, die durchaus zu Ungunsten der letztern sprechen. Schmerzlich vermissen wir vor allem jenen Einklang in Anschauungen und Strebungen, die wir bei unserem moskovitischen Nachbar so anerkennend hervorzuheben nicht umhin konnten. Aber was noch bei weitem beklagenswerther: unsere Regierung und große Bestandtheile unserer Bevölkerung scheinen sich der wahren Elemente ihres Bestandes und Gedeihens so wenig bewußt zu sein, daß sie es theils an irgend einer Consequenz in Verfolgung ihrer Ziele oder in Auswahl der hiezu dienlichen Mittel fehlen lassen, theils geradezu solche Zwecke anstreben, deren Erreichung nicht uns, sondern unsern Neidern und Widersachern zum Vortheil ausschlagen müßte. Das eine wie das andere zeigt sich in der auffallendsten Weise gerade in jener hochwichtigen, umfassenden und folgenreichen Angelegenheit, die unser russischer Gewährsmann als eine Lebensfrage sowohl seines Vaterlandes als des unsern bezeichnet, nur, wie er meint, in umgekehrtem Sinne, nämlich für Rußland in positiver, nach vorwärts, für Oesterreich in negativer, nach abwärts führender Richtung.

Befassen wir uns für's erste mit unserer auswärtigen Politik.

Der russische General thut derselben an vielen Stellen seiner Schrift eine Ehre an, die wir, so hart es uns ankommt, zu einem großen Theile ablehnen müssen.

„Die österreichische Regierung, meint Fadějev, hat seit den Tagen Joseph II. und Katharina II. die orientalische Frage unverrückt und aufmerksam im Auge behalten.

„In den Krieg von 1809 gegen Napoleon hat sich das Wiener Cabinet wesentlich um der orientalischen Frage willen gestürzt, die in Folge der Tilsiter und Erfurter Abreden eine neue, für Oesterreich bedenkliche Gestalt angenommen.

„Der österreichische Scharfblick war es, der diesem Reiche zu einer Zeit, wo die gebildete Welt aller europäischen Länder von Philhellenismus troff, eine ablehnende Haltung auferlegte; denn während noch das ganze übrige Europa nur Griechen vor sich zu haben meinte, da sah Metternich schon Serben und Bulgaren.

„Im letzten orientalischen Kriege war es allein Oesterreich, das den wunden Punkt der russischen Aufstellung herauszufinden wußte und durch sein bloßes Drohen Rußland von angriffsweisem Vorgehen in abwehrende Vertheidigung zurückdrängte.

„Und wieder im Pariser Frieden war es zunächst die Politik des österreichischen Cabinets, die eine Reihe Rußland so schädlicher Bedingungen durchzusetzen wußte."

Es bleibe unserem warmen und aufrichtigen österreichischen Patriotismus fern, daß wir an dem, was in den obenerwähnten Zeitereignissen wahrhaft rühmliches, ja begeisterndes und bewundernswerthes zu finden ist, irgendwie mäckeln wollten: an den hochsinnigen

Entwürfen Kaiser Joseph II.; an der ewig denkwürdigen heldenmüthigen Erhebung Oesterreichs im Jahre 1809; an dem Geist und der diplomatischen Gewandtheit eines der bedeutendsten Staatsmänner, die unsere Monarchie je besessen; an den Verdiensten unseres gefeierten Strategen, dem es gegeben war, aus drei Feldzügen durch bloße Aufstellung seiner Truppen als Sieger hervorzugehen. Aber nur mit der orientalischen Frage, oder richtiger, mit dem vermeintlichen Verständniß derselben von Seite unseres auswärtigen Departements möge man uns hier wie überall nicht kommen. Im Gegensatze zu der verbindlichen Aeußerung Fabějev's, die Nachfolger des Fürsten Kaunitz hätten zu allen Zeiten die orientalische Frage unverrückt im Auge gehalten, müßen wir es aus tiefster Ueberzeugung aussprechen, dieselben haben seit Kaiser Joseph's Zeiten die orientalische Frage völlig aus dem Auge verloren. Nicht als ob sie den Dingen im illyrischen Dreieck den Rücken gekehrt, den Zuständen und Ereignissen daselbst ihre Aufmerksamkeit ganz entzogen hätten; das konnten sie gar nicht; die Nothwendigkeit drängte ihre Blicke, ihre Kräfte, ihre Thätigkeit zeitweise immer wieder dahin. Aber das wahre und richtige Verständniß der Zustände und Ereignisse im illyrischen Dreieck ist den österreichischen Staatsmännern von dem Zeitpunkte abhanden gekommen, da aus der orientalischen Frage, wie Fabějev so treffend entwickelt, eine slavische geworden ist. Ja, so lange noch der „Türk" von seinem Stambul aus das große Wort sprach oder vielmehr den krummen Säbel schwang; so lange die ganze orientalische Frage im buchstäblichen Sinne des Wortes nur auszufechten war; so lange es dabei, um einen beliebten österreichischen Militär-Ausdruck anzuwenden, nur tüchtig zu „raufen" gab, waren unsere Staatsmänner ganz an ihrem Platz und sie und unsere Feldherren haben Oesterreich zu Ruhm und hohen Ehren gebracht. Aber seit der einst gefürchtete Padischah in die Rolle des „kranken Mannes" herabgedrückt worden; seit sich vor den Augen des staunenden Europa ein wimmelndes jugendfrisches Leben fast vergessener nationaler Existenzen mit jedem Tage drängender emporarbeitete; seit der freiheitglühende Serbe, der aufstrebende Romane, und vor allem das große Volk der balkanischen Zukunft, der nimmer rastende, betriebsame und erfinderische Bulgare, den Schauplatz einzunehmen begannen,

den man seit der Eroberung von Constantinopel im alleinigen Be=
sitze des Halbmondes wähnte: seitdem haben unsere Staatsmänner,
die sich in den „deutschen" Beruf der habsburgischen Erblande um
so zäher hineinzuleben schienen, je erfolgreicher ihnen derselbe durch
die wachsende Macht Preußens aus den Händen gewunden wurde,
in demselben Maße den Faden in dem Gewinde der türkisch=orien=
talischen Angelegenheiten verloren, in welchem Rußland klaren Blickes
und sichern Zieles allenthalben in sie einzugreifen verstand. Das
Geständnis ist für uns beschämend, aber die Sache kann nicht schlimmer,
sie kann nur besser werden, wenn wir es uns klar und offen machen:
Oesterreich, das bis zu des großen Eugen Zeiten in der deutschen
und in der orientalischen Frage die erste entscheidende Stelle ein=
genommen, ist in jener durch Preußen, in dieser durch Rußland auf
die zweite hinabgedrückt worden. Oder hätte Oesterreich in der That
in klarem Bewußtsein seiner durch die Tilsiter Beschlüsse gefährdeten
Stellung im Orient den Krieg von 1809 unternommen? Wie kam
es dann, daß es sich bei dem jahrzehentlangen serbischen Befreiungs=
kampfe so — gar nicht verhielt? Wußte es was es wollte, so
ergriff es entschieden Partei entweder für die Türken oder für die
Serben. Aber es that keins von beiden. Was für eine Politik haben
die österreichischen Staatsmänner der Cernagora gegenüber verfolgt?
Das einemal setzen sie einen unverhältnismäßigen diplomatischen und
militärischen Apparat in Bewegung, um das freie Bergland vor
den vernichtungdrohenden Operationen Omer=Pascha's zu retten;
das anderemal lassen sie in den Sälen des Palastes am Ballplatze
montenegrinische Abgeordnete gleich ungeschliffenen Lümmeln be=
handeln? Was kümmert man sich in jenen Sälen auch viel um Land
und Leute, um Elemente und Factoren, um Existenzen und Ten=
denzen im illyrischen Dreieck! Als einmal in der ersten Hälfte der
... ger Jahre in einem diplomatischen Gespräche „die" Hercegovina
erwähnt wurde, fiel der damalige Lenker unserer auswärtigen Ange=
legenheiten dem Sprecher in's Wort: „Die Hercegovina? Ich habe
nicht die Ehre diese Dame zu kennen." Das mag erfunden sein —
obgleich es uns als nicht=erfunden verbürgt wurde —; aber schon,
daß man einem österreichischen Minister des Aeußern gegenüber so
etwas erfinden konnte, ist bedeutsam genug. Oder meint jemand,

daß man einem Diplomaten Rußlands auch etwas dergleichen anzudichten vermöchte? Der große Unterschied ist der: Rußland weiß was es in der Türkei will; Oesterreich weiß im günstigsten Falle, was es in der Türkei nicht will, nämlich nicht Rußland, und nicht Frankreich, und nicht England, vielleicht auch nicht Panhellas. Darum verfolgt das St. Petersburger Cabinet im Gebiete des illyrischen Dreiecks eine constante consequente systematische Politik; unser auswärtiges Amt treibt höchstens, wenn es im Anwesen eines gewissen Ukalegou zu „brandeln" anfängt, Opportunitätspolitik, geschickte oder ungeschickte, wie sich's eben trifft. Einen Maßstab zur Beurtheilung unserer Fortschritte in der Oesterreich so unmittelbar berührenden, oder sagen wir bezeichnender, bedrohenden orientalischen Politik liefert eine der Schöpfungen des großen Ministers der großen Kaiserin. Wie es scheint, aus purer Pietät für das Andenken an diese beiden hohen Persönlichkeiten hat man in unserer orientalischen Akademie seit mehr denn hundert Jahren fast alles auf dem alten Fuße gelassen. Weil es damals unerläßlich war, daß ein österreichischer diplomatischer Agent im Orient französisch, italienisch, griechisch, englisch, türkisch, arabisch u. dgl. kenne, lehrt und lernt man dort auch heute noch französisch, italienisch, griechisch, englisch, türkisch, arabisch u. dgl. Daß sich seit Kaunitz' Zeiten die Dinge derart geändert haben, daß einem diplomatischen Agenten in der Türkei heute einige Kenntniß der slavischen, romanischen und albanischen Idiome unendlich mehr nützt als die aller moslemitischen Sprachen zusammen, davon scheint man weder am Ballplatz noch im Jakoberhof eine Ahnung zu haben. So spielen denn, während selbst das ferne Frankreich seine Agenten in der europäischen Türkei anweist, sich die betreffenden Volkssprachen eigen zu machen, die unserigen nur zu häufig dieselbe Rolle, die jüngst Herrn Wattenbach in Siebenbürgen zufiel; der gelehrte deutsche Professor lernte Charakter, Sitten, Lebensweise der Romanen durch das Medium — der Sachsen kennen, und unsere mit allen west-europäischen und ost-asiatischen Sprachkenntnissen vollgepfropften Diplomaten auf der Balkan-Halbinsel studieren die dortigen Serben, Bulgaren u. s. w. durch das Medium — der Türken und Griechen.

Doch können wir es unbegreiflich finden, daß Oesterreich das richtige Verständniß der orientalischen Frage abgeht, da ihm, das doch selbst ein wesentliches Stück dieser orientalischen Frage ist, in vielen Stücken das richtige Verständniß seiner selbst abgeht? Ein Beispiel davon erleben wir in diesem Augenblicke. Wir wollen nicht in Wunden wühlen, die noch offen sind; das aber dürfen wir vielleicht sagen, daß in der Cataresser Angelegenheit von allem Anbeginn manches anders gekommen wäre, wenn sich unsere actuellen Civil- wie Militär-Autoritäten vor allem bemüht hätten, das Verständniß der eigentlichen Natur von Land und Leuten zu gewinnen. Noch zu Anfang des gegenwärtigen Jahrhunderts war es in diesem Stücke bei uns anders bestellt. Während des vorübergehenden österreichischen Besitzes der Bocche von 1797 bis 1804 verwandte ein junger kaiserlicher Officier die freie Zeit, die ihm sein Garnisons-Dienst übrig ließ, zum eingehenden Studium des kleinen Landstriches und seiner Bewohner und legte seine gesammelten Erfahrungen in einem Büchlein nieder, das bis auf den heutigen Tag seinen vielseitigen Werth nicht einbüßen konnte. Nun verlangen wir von unsern Officieren keineswegs, daß sie jetzt, wo sie sich inmitten unserer eben so tapfern als beklagenswerthen Soldaten mit Noth ihrer Haut wehren, gleich dem damaligen Hauptmann De Traux etwas über die Bralcijsten und Krivošijer schreiben und herausgeben sollen; aber wenigstens, was schon darüber geschrieben und herausgegeben ist, sollte man — lesen und daraus lernen! Um nur eines zu erwähnen! Wer einigermaßen Studien in dieser Richtung gemacht hat, muß wissen, daß die Bewohner jener unwirthlichen Grenzberge mit ihren Waffen sozusagen zusammengewachsen sind; daß sie dieselben nicht bei Tag, nicht bei Nacht von ihrer Seite lassen; daß sie hierzu aber durch ihre Lage und Verhältnisse gezwungen sind, weil sie von Seite ihrer ruhelosen Nachbaren in Montenegro und in der Türkei jeden Augenblick auf einen Ueberfall gefaßt sein müssen, zu dessen Abwehr sie nicht erst warten können, bis ihnen das Militär-Commando von Cataro oder der Gendarmerie-Posten von Castelnuovo Hilfe sendet. Von Leuten solchen Schlages als erste Bedingung gutwilliger Unterwerfung die Ablegung und Ablieferung ihrer Waffen fordern, heißt daher nicht viel weniger als von ihnen das Leben fordern,

wie denn in der That die Abgesandten von Krivošije dem Bezirks=
vorsteher Franz, nachdem sie mit ihm in allen übrigen Punkten
handeleins geworden, zur Antwort gaben. „Also ihr sehet ein, daß
ihr im Unrecht gewesen, und wollt von eurem Widerstande ablassen?"
„„Ja wohl, Herr, wir erkennen, daß man uns irregeführt hat, und
wollen uns dem Kaiser, der unser gnädiger Herr ist, gehorsam
unterwerfen!"" „Ihr werdet daher gutwillig eure Waffen ausliefern."
„„Was Herr? Unsere Waffen ausliefern? Wenn wir todt sind, könnt
Ihr sie uns nehmen!"" Damit hatte die Zusammenkunft ein Ende.
Eben jetzt ist in den Zeitungen von neuerlichen Unterhandlungen
die Rede. Wir wünschen dem General Auersperg, dem wir persön=
lich unsere volle Achtung zollen und über dessen militärische Tüch=
tigkeit in der Armee nur eine Stimme herrscht, den besten Erfolg
dazu; doch wir meinen, die wilden Natursöhne werden sich ihm
gegenüber nicht anders stellen als sie dies Herrn von Franz gegenüber
gethan. Bewilligt man ihnen die Beibehaltung ihrer Waffen nicht,
so möchte es neue blutige Kämpfe von zweifelhaftem Erfolge kosten;
bewilligt man sie ihnen, so wird man am Hof und am Judenplatz
in Wien Betrachtungen darüber anstellen können, was sich an Geld
und Blut ersparen ließ, wenn man vor drei und vier Monaten zu=
gestand was zuletzt nicht zu verweigern war. Noch etwas! Ihr
ereifert euch über die Wildheit und Zügellosigkeit dieser ungebildeten
Leute. Ja, ihr Herren, was habt ihr, in den mehr als fünfzig
Jahren seit der Bezirk von Cataro wieder österreichisch geworden,
denn dazu gethan, daß sie n i c h t wild und ungebildet seien? Italie=
nische Schulen, und die spärlich genug, habt ihr inmitten einer zu
mehr als neun Zehnteln ur=slavischen Bevölkerung errichtet. Und
dann haltet euch darüber auf, daß sie keinen schwarzen Frack tragen
und nicht französisch parliren!

* * *

Es gehört mit zu den Eigenthümlichkeiten unserer österreichischen Verhältnisse, daß sie neben der allgemeinen Regierungs-Politik noch Raum für zwei und mehr Politiken verschiedener Elemente der Bevölkerung lassen, die sich in Zeiten, wo ihre Course besonders hoch stehen, fast mit größerem Gewichte geltend zu machen pflegen als jene. Letzteres ist seit dem berühmten „Ausgleich" mit der magyarischen Politik der Fall, neben der, obgleich in etwas untergeordneter Weise und in engerem Raume, nämlich blos auf einen Theil Cisleithaniens beschränkt, die teutonische Politik ihre Anerkennung verlangt. Seit einigen Jahren, wo sich der Teutonismus mehr und mehr im Gedränge fühlt, hat sich derselbe den Polonismus zwar nicht an die Seite gestellt — denn auch der lechische Stamm gehört zu jenen inferioren Menschen-Racen, die mit der germanischen nicht auf einer Linie rangiren! — aber in einer Art Bereitschaft gehalten, so daß im gegenwärtigen Augenblicke auch die polnische Politik als einer der thätigen Factoren unseres Staatslebens in Rechnung zu bringen ist. Endlich kann in gewisser Hinsicht von einer italienischen Partei-Politik die Rede sein. Und da bietet sich nun ein eigenthümliches Schauspiel dar, ein Schauspiel, an dem sich ein unbetheiligter Beobachter ergötzen könnte, das aber den österreichischen Patrioten mit bitterem Schmerze, mit den bangsten Besorgnissen zu erfüllen geeignet ist. Denn während unsere Regierungs-Politik, wie wir gesehen, bezüglich der orientalischen Frage mindestens nur der, immer noch schwer genug wiegende Vorwurf trifft, über das eigentliche Wesen und die richtige Behandlung derselben nicht im klaren zu sein, scheinen es die genannten Partei-Politiken in wahrhaft rührendem Wetteifer darauf abgesehen zu haben, die Herrschaft des Groß-Zarenthums, deren muthmaßlichen Eintritt Fadějev um die Wende des Jahrhunderts zu setzen scheint, so viel an ihnen liegt, rascher herbeizuführen.

Von einer in einem gewissen Umkreise dominirenden italienischen Partei-Politik kann für uns gegenwärtig nur in Triest, Istrien und Dalmatien die Rede sein. Mit Ausnahme eines größeren oder geringeren Bestandtheiles der Bevölkerung in den Haupt- und Küstenstädten sind alle übrigen Bewohner Slaven. Sie gehören zu den treuesten Unterthanen die der Kaiserstaat besitzt, und haben ihm in kritischen Zeitläuften mehr als einmal entscheidende Dienste geleistet. Ein Schriftsteller deutschen Namens, der neuerer Zeit ihre Eigenheiten studierte*), fügt seiner Schilderung die Worte bei: „Bei alle dem waren die Morlaken stets loyale Unterthanen und hängen auch jetzt mit unverbrüchlicher Ergebenheit an ihrem Landesherrn; sie waren immer als tapfere Soldaten geachtet und gefürchtet." Welch hervorragenden Antheil die slavischen Dalmatiner im März 1848 an der Rettung unserer Kriegsflotte, und dann wieder 1866 an dem glänzenden Seesiege von Lissa genommen, ist bekannt. Die kaiserliche Regierung hat sich diese Umstände auch keineswegs entgehen lassen und es wurde in den Jahren von 1850 bis 1860 redlicher Anlauf genommen, einer bis dahin in ihrer nationalen Bildung fast systematisch vernachlässigten Bevölkerung die Aussicht regelmäßigen Schulunterrichtes zu eröffnen. Gleich anerkennenswerthe Schritte geschahen, und zwar noch in den ersten sechziger Jahren, zur Einführung der slavischen Sprache in Amt und Gericht.

Allein die besten Absichten, von denen sich unsere Regierung bei diesen gewiß nicht minder ihren eigenen Interessen, wie denen ihrer Staatsangehörigen förderlichen Maßregeln leiten ließ, wurden durch das Wühlen einer Partei vereitelt, die sich, wenn sie geradezu im Solde Rußlands stände, nicht unermüdlicher zeigen könnte, das Zutrauen der andersprachigen Bevölkerung, in deren Mitte sie lebt, zu untergraben und in wachsende Erbitterung zu verwandeln. In Zara wie in Wien ließ sie keinen Anlaß unbenützt, die Bestrebungen der slavischen Patrioten im ungünstigsten Lichte darzustellen, die Versuche einzelner Abgeordneten, der Sprache ihrer Wähler im Landtage Gleichstellung mit der italienischen zu verschaffen, für „reine Oppositionslust" zu erklären, den Franciscanerorden von Sign, dessen Loyalität und Anhänglichkeit an das Kaiserhaus historisch sind, „reichsfeindlicher" Absichten und Ränke zu beschuldigen. Die Einführung der slavischen Sprache in Schule und Amt, hieß es, sei „ebenso voreilig als schädlich"; die dalmatinisch-illyrische Schriftsprache habe

---

*) Dr. Carl Zittel, die Morlakei und ihre Bewohner. Oesterr. Revue 1864, II. S. 239.

nicht einmal eine einheitliche Orthographie, es verlohne sich kaum der Mühe ein Idiom zu pflegen, das an der Küste anders gesprochen werde als in den Gebirgsgegenden u. dgl. Diese und ähnliche Argumente wurden theils von dalmatinisch-italienischen Abgeordneten, theils von durch sie capacitirten Organen der Regierung (Minister nicht ausgenommen) sowohl im Wiener Abgeordnetenhause als im Zaraer Landtagssaale wiederholt angewendet, so daß in letzterem der Abgeordnete Klaić (5. April 1864) der italienischen Partei unumwunden vorwerfen konnte, daß sie alle Mittel anwende, der Regierung einen wahren „Abscheu" vor der slavischen Sprache beizubringen; „das Gesetz von 1858 über den Elementar-Unterricht sei in den verflossenen Jahren ein todter Buchstabe geblieben; die von der Centralgewalt hochherzig gespendeten Subventionen habe man nicht ausgegeben oder theilweise auf Schulen verwendet, die nur dem Namen nach existirten; verschiedene Richter, welche die Nationalsprache bei ihren Behörden einführen wollten, hätten Winke erhalten ihren Eifer zu mäßigen" ic.

* * *

Wenden wir uns von dem südlichsten Theile unserer Monarchie in den nordöstlichen, so entrollt sich uns hier ein ähnliches Bild ebenso verblendeter als staatsgefährlicher National-Leidenschaft.

Was Rußland wieder haben muß, und zwar sobald als möglich wieder haben muß, ist nach Rostislav Fadějev das östliche von Ruthenen bewohnte Galizien. Denn, so ungefähr lautet seine Beweisführung, „die Ruthenen sind eigentlich Russen; sie gehören von Rechts- und Stammeswegen Rußland an und es ist im Grunde nur ein Versehen der Weltgeschichte, daß ein großer Theil von ihnen seit Jahrhunderten mit Polen und Ungarn, beziehungsweise mit Oesterreich verbunden ist; auch sehnen sich die österreichischen Ruthenen längst nach ihrem Mutterland hinüber, wie die Ereignisse des Jahres 1849 und die dazumal an die russischen Heerführer gestellte Bitte der Ruthenen um Einverleibung mit Rußland bewiesen haben."

Wollen wir die letztere Behauptung, die uns, nebenbei gesagt, durchaus den Eindruck russischer Flunkerei macht, beiseite gestellt laſſen und uns ebenſowenig mit der Unterſuchung beſchäftigen, welchen Charakter die (aus ihrer Stammesverwandtſchaft mit den öſtlichen Klein-Ruſſen übrigens ebenſo erklärlichen als verzeihlichen) ruſſiſchen Sympathien der öſterreichiſchen Ruthenen im Augenblicke haben, ſo iſt doch jedenfalls eines klar und einleuchtend wie der Tag: daß nämlich dieſe ruſſiſchen Sympathien jedenfalls nur in dem Grade zunehmen müſſen, in welchem auf galiziſcher Seite das möglichſte geſchieht, die Ruthenen mit ihrer gegenwärtigen Lage unzufrieden zu machen, und daß folglich die galiziſchen Polen, indem ſie ihren Landesgenoſſen die nationale Gleichberechtigung abläugnen, ihre Sprache, ihre Literatur herabſetzen, ihre tüchtigſten Männer zu politiſchen Märtyrern machen u. dgl., alles thun, was ſich Groß-Rußland um der Förderung ſeiner Zwecke willen nur wünſchen könnte. Nun iſt uns durchaus nicht unbekannt, daß die polniſche Landtags-Majorität Galiziens in der jüngſten Zeit Schritte gethan hat, die wie der Anfang einer ernſtlichen Umkehr auf jenem unheilvollen Wege, wie die Anbahnung eines aufrichtigen auf gegenſeitiges Wohlwollen und Vertrauen gegründeten Einverſtändniſſes zwiſchen den beiden Nationalitäten des Landes ausſehen. Allein wir müſſen offen bekennen, daß wir unſrerſeits in dieſem Punkte eine wahre Thomas-Natur haben. Die Verläugnung und Unterdrückung der Ruthenen durch die Polen ſchreibt ſich nicht erſt vom Jahre 1848, ſchreibt ſich überhaupt nicht aus der neueren Zeit her; ſie datirt vom J. 1340, wo Kazimir der Große Galizien und Volhynien an Polen brachte, und ihre Wurzeln reichen bis in das Ende des zehnten Jahrhunderts hinein, wo zwiſchen den polniſchen Mieczyſlaven und Boleslaven und den ruſſiſchen Vladimiren und Jzjaſlaven die erſten Kämpfe um das Gebiet längs dem Bug geführt wurden. Auch hat es ja in der neueren Geſchichte Polens an Verſöhnungsverſuchen mit den Ruthenen nicht gefehlt, und doch iſt die Sache darum nicht beſſer geworden. Das erſtemal war es der edle Thaddäus Kośćiuszko, der am 4. Juli 1796 ſein berühmtes Sendſchreiben an die rutheniſche Geiſtlichkeit erließ, worin er ungefähr ſagte: „Ihr Ruthenen, wir Polen haben Jahrhunderte lang ſchwer an euch geſündigt. Aber das ſoll jetzt anders werden! Wir wollen euch als freie gleichberechtigte Brüder annehmen und behandeln! Ich versichere euch dessen im Namen der Nation!" Aber hat die „Nation" dies Versprechen eines der edelsten und verehrungswürdigsten ihrer Söhne gehalten? Mit nichten! Bald gieng alles wieder in alter Weise; namentlich in unserem Galizien wucherten die Uebergriffe des polnischen Elements, die Verkürzungen, die Herabsetzung und Verläugnung des ruthenischen Namens wie früher fort, wovon die Klagen und Beschwerden der galizischen Ruthenen im Jahre 1848 lautes Zeugniß ablegen. Und doch war es wieder im Jahre 1848, auf dem Slaven-Congresse zu Prag, wo ein neuer Anlauf genommen wurde, ein besseres Verhältniß zwischen Polen und Ruthenen im Lande herzustellen. Doch was war die Nachwirkung dieses löblichen Entschlusses? Die schlimmste, die sich denken läßt. Bei den Wahlen zum constituirenden Reichstage wurden von der polnischen Actions-Partei alle Mittel angewendet, tüchtigere Führer der armen ruthenischen Bevölkerung nicht aufkommen zu lassen; Graf Franz Stadion wurde vor aller Welt als „Erfinder" der Ruthenen gehöhnt und vom Abgeordneten Sierakowski im Wiener Reichstage förmlich in Anklagestand versetzt; und als die Regierung die ersten Mittelschulen den Ruthenen eröffnete, brachten polnische Jungen ihre Rüben in die Hörsäle: „eine Sprache wie die ruthenische sei nur für Hunde". Der Grund dieser eigenthümlichen Erscheinung, dieses klaffenden Zwiespalts zwischen Aufraffen zum Bessern und Verharren beim Schlimmern lag einfach darin, daß die guten Vorsätze ihre Wurzeln niemals in wahrer Selbsterkenntniß und wohlüberlegtem Entschlusse hatten, sondern daß damit immer blos zeitweilige Zwecke gefördert werden sollten. In der ersten Hälfte der neunziger Jahre lag den Polen das moskovitische Messer an der Kehle und es galt dem zahlreichen Stamme der Klein-Russen Vertrauen in eine bessere Zukunft einzuflößen, um ihrer Mithilfe zur Abwendung des letzten Schlages gegen das schon zweimal getheilte Reich gewiß zu sein. Im Juni 1848 schien die österreichische Monarchie unabwendbarem Zerfalle gewidmet zu sein; Galizien wurde dann frei und konnte hoffen, von der obern Weichsel, vom San und Dnjester aus die Wiederherstellung Polens in Angriff zu nehmen; dazu mußte man Frieden im eigenen Hause haben und sich daher vor allem mit den Ruthenen aussöhnen. Bekanntlich ließ sich durch alle heroischen Anſtrengungen die dritte Theilung Polens nicht aufhalten und trat im Jahre 1848 der Zerfall Oeſterreichs nicht ein, ſondern erfolgte die allmälige Kräftigung der Monarchie. So waren die Verheißungen, zu denen man ſich unter folgenſchweren Umſtänden den Ruthenen gegenüber herbeigefunden, umſonſt gemacht und wurden bald wieder vergeſſen. Nach ſolchen Vorgängen kann man es uns nicht verübeln, wenn uns angeſichts der neueſten Ruthenen-freundlichen Action der polniſchen Landtagspartei einiges Mißtrauen beſchleicht, es habe das Beſtreben, mit der bekannten „Reſolution" durchzubringen und ſich für dieſen Zweck der Mitwirkung der Ruthenen zu verſichern, den hervorragenſten Antheil daran. Wenn es Galizien gelingen ſollte, ſeine Sonderwünſche erfüllt zu ſehen, und wenn die polniſche Partei, nachdem ſie ihren Sieg errungen, bei ihrem, die Gleichberechtigung ihrer rutheniſchen Landsleute anerkennenden und wahrenden Verhalten bleibt, erſt dann werden wir an ihren Ernſt glauben, für immer von jener unſeligen innern Politik abzulaſſen, deren Fortführung im Geiſte früherer Unduldſamkeit niemand erwünſchter ſein könnte, als den Vorkämpfern der großruſſiſchen Pläne.

* * *

Noch ungleich günſtiger für eine nahe Verwirklichung dieſer Pläne als in Galizien, wo der Polonismus doch wieder einmal in ein Stadium der Beſinnung eingetreten zu ſein ſcheint, ſtehen die Dinge in Ungarn.

Die Parteiführer des rückſichtsloſen Magyarismus ſind in der Politik die geſchickteſten Advocaten, oder vielmehr Rabuliſten; denn ihr politiſcher Advocatismus iſt von jenem Schlage, den Lichtenberg mit den Worten charakteriſirt: „Um Recht zu thun, braucht man ſehr wenig zu wiſſen; um aber mit Sicherheit Unrecht zu thun, muß man ſehr viel Jus ſtudiert haben." Wer ſich erinnert, welch beſcheidene Forderungen die Vorkämpfer des Magyarismus nach dem Jahre 1849, im Laufe der fünfziger, ja noch zu Anfang der ſechziger Jahre ſtellten, und wer dagegen ermißt, welch unerlaubtes Maß von Vorrechten, Vortheilen und Vorzügen ſie ſich neuestens zutheilen zu lassen wußten, dem könnte dies geradezu wie ein Räthsel oder Wunder erscheinen. In der That, wer es beobachtet hat, wie der Magyarismus mit dem Drohgespenst der „Debrecziner Linken" den enormen Forderungen des dualistischen s. g. Ausgleichs erst Gehör und dann, durch die in Wien einsoufflirte Phrase der „Zwangslage", Erfüllung zu verschaffen; wie er trotz der furchtbaren und vergleichsweise noch so frischen Honvéd-Erinnerungen aus den Jahren 1848 und 1849 ein eigenes „Landesvertheidigungs"-Ministerium — denn nur dadurch war die drohende Ungeduld der „Debrecziner Linken" zu befriedigen! — in's Leben zu rufen und in Wien, bei der „Zwangslage", in der man sich daselbst befand, bestätigen zu lassen; wie er in immer erneutem Anlauf die kroatische Mur-Insel, das kroatische Fiume, die kroatische Banus-Würde, den kroatischen Landtag mit dem Netze seiner Interessen zu umgarnen, die siebenbürgische Selbstbestimmung trotz Sachsen und Romanen wegzukünsteln, die Militär-Gränze, um deren Lösung man sich in Agram seit zweiundzwanzig Jahren vergebens bemüht, in die kühne Hand zu nehmen wußte — denn wenn alles dies nicht geschehen wäre, würde man der „Debrecziner Linken" die gefährlichsten Waffen in die Hände gespielt haben, und die reichs- und cisleithanischen Minister befänden sich in einer solchen „Zwangslage"! —, wer, sagen wir, dies alles beobachtet hat und sich dabei nicht von Bewunderung oder doch mindestens Verwunderung ergriffen fühlt, der versteht offenbar nicht was wundernswerth ist.

Aber doch wieder muß Einem, der der Sache auf den Grund zu schauen weiß, das bekannte Virgilische „sic vos non vobis" einfallen, oder jener beredte Ausspruch, den der Florentiner Poggio Bracciolini auf dem Concil von Konstanz über Hieronymus von Prag gethan: „Ich bewundere seine Gelehrsamkeit, seine Kenntniß der verschiedensten Dinge, seine Ueberzeugungsgabe, den Wohllaut seiner Rede, die Schärfe seiner Erwiederung: aber ich fürchte, all das wurde ihm von der Natur nur zu seinem Unheil gegeben!" Ganz das gleiche wäre vom Magyarismus zu sagen: „Wir bewundern seine Geschmeidigkeit, seine Ausnutzung der verschiedensten Verhältnisse, die Unerschöpflichkeit seiner Mittel und Finten, die Meisterschaft in Verfolgung, die Ausdauer in Erreichung seiner Ziele;

aber wir fürchten, all das wurde ihm von der Natur nur
zu seinem Unheil gegeben!" Je mehr Siege der Magyarismus
in der Richtung, die er eingeschlagen, erficht, desto mehr bereitet er
sich der Voraussetzungen seiner künftigen Niederlagen. Je fester er
denselben Centralismus, dessen reichseinheitlichen Druck er abgewor=
fen, für sein eigenes vermeintliches Interesse zusammenschnürt, desto
lockerer werden die Sympathien, die durch Jahrhunderte herab die
verschiedensprachigen Stämme des Landes an den Namen Ungarns
geknüpft hatten. Je ängstlicher er jeden freien Ausdruck selbstbewußten
Stammesgefühles, das ein anderes als das magyarische ist, nieder=
hält und, wie es jüngster Zeit in der Gränze geschehen, jede Art
von Discussion, Adressen, Petitionen in anderer als der von ihm
vorgezeichneten Richtung geradezu verbietet, desto gefährlicher sam=
meln sich in der Tiefe jene gährenden Stoffe, die nur eines Funkens
bedürfen, um in hellen Brand auszubrechen und das ganze Ge=
bäude in Flammen zu setzen.

Das eigentliche an der Sache ist, daß der Magyarismus mit
seiner Politik um ein Jahrhundert zu spät kommt; er hat seine Zeit
verpaßt, er taugt nicht für die geänderten Zustände der Jetztzeit.
Um zehn, zwölf Decennien früher, wo man sich Völker und Land=
striche zuwog ohne sich um deren Neigung oder Abneigung viel küm=
mern zu dürfen, da hätte der Magyarismus Wunder wirken können;
heute, wo im gesellschaftlichen wie im Völkerleben jede Eigenart
Anerkennung und Geltung verlangt, geht es mit der „Mache" allein,
und sei es die geschickteste, nun und nimmer mehr. Es war eine
viele Jahrhunderte lang währende Zeit, da sich alle Männer des
Landes, ob magyarischer oder deutscher Zunge, ob slavischen oder
romanischen Stammes, nur als „Ungarn" fühlten und als solche
mit Begeisterung für die Sache der gemeinsamen Heimat einstanden.
Aus diesem ununterschiedlichen Vaterlandsgefühl, das alle nationalen
Sonderheiten vergessen ließ, hat der Magyarismus noch bis in die
jüngsten Tage stets frische Kräfte geschöpft; an der Spitze der letzten Re=
volution stand der Slovake Kossuth, in dessen Bannerschaft die Namen
des Polen Pulszky, der Serben Damianić und Bukovic rc. glänzten.
Das ist nun viel anders geworden und wird es in demselben Grade
von Jahr zu Jahr mehr, als der Partei=Magyarismus den

allen Landesstämmen gleich gerechten Hungarismus in sich aufgehen zu machen strebt. Schon haben sich die nicht-magyarischen Nationalitäten gewöhnt, in ihren Erinnerungen bis in die entlegensten Zeiten zurückzusteigen, die einzelnen großen Männer, welche die einheimische Geschichtschreibung bisher einfach als "Ungarn" registrirte, für den besondern Volksstamm, dem sie entsprossen, zu reclamiren und ihre Größe und ihre Verdienste der Eigenart ihrer Abstammung zugute zu schreiben. Schon wächst die intelligente und strebsame Jugend der Serben, der Romanen, der Slovaken nicht im Geiste des Hungarismus, sondern im Gegensatze zum Magyarismus heran, dessen Zwecke er nicht, wie vor 1848, fördern helfen, sondern dessen Wege er zu durchkreuzen streben wird. So werden denn auch die künftigen Kossuth, und Pulszky, und Damianić ɩc. nicht mehr den Magyaren die Kohlen aus dem Feuer holen, sondern werden um so eifriger und glühender für ihre besondern Stammesgenossen wirken, je mehr bei letzteren durch ungerechten Druck und widernatürliche Behandlung das nationale Selbstgefühl erstarkt sein wird.

Wenn es hier am Platze wäre, ließe sich im einzelnen nachweisen, wie sehr der Magyarismus mit jedem seiner scheinbaren, mitunter blendenden Erfolge die Kluft erweiterte, die ihn von seinen andersprachigen Landesgenossen trennt und die zuletzt geradezu unausfüllbar werden muß. Unmittelbar nachdem im Pester Abgeordnetenhause das s. g. Nationalitäten-Gesetz mit eminenter Stimmenmehrheit angenommen worden, gieng es wie ein Schrei durch alle slavischen und romanischen Lager über dieß "schmähliche Zerrbild" einer Gleichberechtigung, das die Forderungen und billigen Erwartungen der nicht-magyarischen Nationen auf das Niveau bloßer Sprech- und Schreibbefugnisse herabgedrückt und selbst in dieser Hinsicht auf möglichst kleine Kreise beschränkt habe. "Wir ungarischen Slaven", hieß es in einer Pester Correspondenz aus jenen Tagen (November 1868), "fühlen unsere Lebenskraft; wir wissen, daß je unbarmherziger der Druck ist, den man gegen uns ausübt, desto mehr die in unserem Volke schlummernden Kräfte geweckt werden!" Das Triumphgeschrei über den durch die bedenklichsten Mittel errungenen croatischen Ausgleich war noch nicht verklungen, als schon dumpfe Gerüchte in die Hauptstadt Ungarns drangen, daß die Stimmung zwischen der Drau und Save, weit entfernt die Gefühle der Agramer Landtags-Majorität zu theilen, eine ungünstigere sei als je und daß, wenn sich heute eine Gelegenheit wie vor zweiundzwanzig Jahren ergäbe, die Ereignisse von 1848 nur mit erhöhter Erbitterung wiederkehren würden. Und in der Militär-Gränze hatte der jüngste Sieg des Magyarismus eine derartige Erhitzung der Gemüther zu Folge, daß von den Marken Dalmatiens bis zu jenen von Siebenbürgen nur ein Losungswort geht: „Eher mit Sack und Pack den Türken als so unbedingt den Magyaren sich ergeben!" *) Blicken wir ringsum im Gebiete der St. Stephanskrone, und wir finden alle nichtmagyarischen Nationalitäten mehr oder minder in der gleichen Lage. Noch erheben sie sich nicht, aber es ist als ob sie sich auf eine Erhebung vorbereiteten. Sie prüfen und üben ihre Kräfte bei jeder sich ihnen darbietenden Gelegenheit, bei jeder „Restauration", bei jeder vorzunehmenden Wahl; sie unterliegen fast immer den Künsten ihrer zur Zeit noch mächtigen Gegner, aber jede Niederlage erhöht ihren Trotz und treibt sie zu neuen Widerstandsversuchen an. Unter den Romanen Siebenbürgens glimmt der wüthendste Haß, die heiße Gier, Rache zu nehmen für eine Behandlung, die sie, die unter kaiserlichem Regiment besseres kennen gelernt, von neuem zu ertragen haben. Die österreichischen Serben, noch vor zehn Jahren Anziehungspunkt für jene des Fürstenthums, jetzt umgekehrt von letzteren mehr und mehr angezogen, sind der neuen Wirthschaft im tiefsten Grunde ihrer Seele abhold und die gewaltige Aufregung, die in den letzten Monaten in der benachbarten Militär-Gränze um sich gegriffen, führt ihren Eifer täglich neue Zündstoffe zu. Laßt das noch ein Jahrzehent so fortgehen, und ihr habt von der Leitha bis an die Gränzen des Burzenlandes, und vom südlichen Abfall der Karpathen bis an's linke Save-Ufer den Boden für eine moskovitische Invasion bereitet, wie es sich Fadejev und sein Generalstab nicht besser verlangen könnten. Der erste russische Soldat, der bewaffnet seinen Fuß über die Gränzen Ungarns setzt, wird als Be-

---

*) Die Militärgrenz-Frage und der österreichisch-ungarische Constitutionalismus; Wien 1869, F. B. Geitler; S. 38. Wir benützen diesen Anlaß, um dem unbekannten Verfasser dieser vom wärmsten österreichischen Patriotismus durchglühten Schrift unsere volle Theilnahme und Anerkennnng auszudrücken.

freier empfangen werden, und wie ein Kartenhaus bricht das stolz prunkende Gebäude einer erkünstelten Herrschaft zusammen, unter dem jubelnden Beifall der Völker, die sie durch äußere Mittel sich zu unterwerfen, aber nicht durch die Bande berechtigter Sympathien sich zu verschwistern verstanden hat. Dann wird über das Magyarenthum die Russennoth hereinbrechen, wie vor zwei und drei Jahrhunderten über das Ungarnland die Türkennoth hereingebrochen war. Dann werden die Schildträger eines überspannten Magyarismus zu spät einsehen, wie sie mit all ihrer Kunstfertigkeit, mit all ihrer Geschmeidigkeit und Gewandtheit, mit all ihrer Geschicklichkeit der Mache am Ende nicht sich selbst zu Nutz und Frommen zu wirken im Stande gewesen, sondern jenem gewaltigen Andern, der sich jetzt schon heimlich freut über ihr Thun und Treiben, weil er jetzt schon voraussieht, daß zuletzt alles doch nur für ihn geschieht. Sic vos non vobis. . .

* * *

Die Rahel schildert irgendwo in ihren Briefen, zu welch' „kolossalen" Wirkungen es führen müßte, wenn jemand das Lügen so recht aus dem Grunde verstände und anzuwenden wüßte; „der Wahrheit würde angst und bang, sie stünde ganz klein, als Seufzer, als regret, als Angeführter in der Welt da; so reell könnte das Lügen im großen, planmäßigen aufstehen! Die Lügner unserer Zeit" spricht die Rahel weiter, „pfuschen nur, wie groß sie auch ihr Spiel ausdehnen wollen, sie haben keine Wahrheit in der Seele und haben die Lüge nicht studirt."

Wir wissen nicht zu sagen, mit was für Dingen es zugieng, daß die eben angeführte Stelle in dem Augenblicke „über die Schwelle unseres Bewußtseins trat", da wir uns anschickten, den cisleithanischen Teutonismus und die Mittel zu schildern, die er gebraucht, um den panrussischen Einflüßen möglichst günstigen Spielraum zu verschaffen. Aber je tiefer wir uns darein versenken, desto mehr finden wir uns in der halb unwillkürlichen Wahl unseres Citates bestärkt. Die cisleithanischen Teutonen haben ihr Werk in einer ähnlichen Weise ein=

geleitet, wie die frankfurtischen im J. 1848 das ihre in der Pauls=
kirche. Wie diese letzteren damit begannen, dem schwachen Dänemark
Schleswig und dem zerstückten Polen einen Theil von Posen abzu=
bringen, aber sich weislich hüteten, dem mächtigen Frankreich gegen=
über auf der Herausgabe von Elsaß und Lothringen zu bestehen:
so und nicht anders hat der cisleithanische Teutonismus seine
Stammverwandten in Ungarn und Siebenbürgen hochsinnig den Ma=
gyaren anheimgegeben und sich damit begnügt, das Banner seiner
ausschließlichen Herrschaft in der westlichen Reichshälfte aufzupflan=
zen. Zwar leben auch da etliche Nicht=Deutsche, doch sind es — nur
Čechen und Slovenen. Und auch bei diesen ist, wenn man es näher
besieht, alles deutsch; Sitte und Bildung, Gewerbe und Handel,
Kunst und Wissenschaft, alles haben sie einzig von den Deutschen;
wenn die Deutschen nicht wären, würden sie noch heute auf der
Stufe der Neurer und Budiner des alten Herodot stehen. Auch
sehen sie das sehr wohl ein und würden sich nichts anderes verlan=
gen als die deutsche Herrschaft, wenn sie nicht von einigen Hetzern
verführt wären. „Ich bitte Sie", versicherte uns ein deutsch=böhmi=
scher Matador, „im ganzen Lande sind es zweihundert Leute, die
den Lärm machen!" Noch kümmerlicher sieht es an der obern Drau
und Save aus, wie wir aus dem Munde eines inner=österreichischen
Koryphäen vernahmen: „Vier Leute weg, und mit dem ganzen Slo=
venien hat's ein Ende!" Wir wissen nun nicht, wie sich die teuto=
nischen Matadoren und Koryphäen dieses „weg" der vier „Leute"
in Südsteiermark und der zweihundert „Leute" in Böhmen denken;
wir wissen nur das, daß sie an jene „vier" und an diese „zweihun=
dert" selbst nicht recht glauben. Sie schwatzen mitunter aus der
Schule und verrathen dabei, daß sie ihrer Sache nicht völlig gewiß
sind. Sie thun einmal muthig und herzhaft, und ein andermal wie=
der verzagt und kleinmüthig. Sie preisen jetzt die Deutschen in Cis=
leithanien ob ihres Einflußes und ihrer Ueberlegenheit in allen
Stücken; und gleich darauf lamentiren sie über die „armen Deut=
schen in Oesterreich," über diese „vielgeschmähten, verfolgten, be=
drohten" Kinder einer Nation, an der die eingebildeten Čechen und
Slovenen kein gutes Haar lassen. Sie werfen sich in die Brust und
sagen: „Eine Machtfrage ist's"; und wenn bei einer Gelegenheit

die Andern auch ihre „Macht" zu zeigen sich herausnehmen, dann schreien sie Zeter und Mordio, und rufen nach Polizei und Hußaren. Mit einem Wort: die cisleithanischen Teutonen, „wie groß sie auch ihr Spiel ausdehnen wollen", verstehen sich doch nicht recht daranf; „sie haben keine Wahrheit in der Seele und haben die Lüge nicht studirt"; sie „pfuschen" nur darin.

Doch im Ernst gesprochen! Fadějev ist so bescheiden, der Herrschaft der künftigen Vasallenstaaten des Groß-Zar an der Oder und an der Leitha eine Grenze zu setzen; die weiter westwärts wohnenden Slavenstämme, meint er, seien ohne Rettung ihrem Untergange geweiht; „der čechoslavische Stamm ist der erste, der zu Grunde gehen wird, da er schon jetzt auf allen Seiten vom Deutschthum umstellt ist; dann werden die andern an die Reihe kommen." Allein der russische General scheint nicht zu wissen, daß die Čechoslaven in Böhmen und Mähren nicht erst seit gestern „auf allen Seiten von Deutschen umstellt" sind, sondern daß dies schon seit vielen Jahrhunderten der Fall ist, und daß sich trotzdem keine Anzeichen wahrnehmen lassen, daß sie ihrem Untergange zuneigen, weil im Lauf dieser Jahrhunderte ihre Zahl nicht abgenommen hat, und weil ihre nationale Kraft sogar in sichtlicher Zunahme begriffen ist. Namentlich ist es eine nicht zu leugnende Thatsache, daß letztere unter dem Walten der „neuen Aera", d. h. der Hegemonie-Versuche des cisleithanen Teutonismus in mehr als blos arithmetischer Progression gestiegen ist. Wem hätte man es noch vor einem Jahre sagen dürfen, es werde so weit kommen, daß, wie dies bei den letzten böhmischen Wahlen der Fall war, nicht unerhebliche Bruchtheile des deutschen Elements für Candidaten der „Koruna" stimmen würden?! Freilich schrien die Teutonen über Terrorismus und machten den Behörden bittere Vorwürfe, daß sie nicht bessere Anstalten dagegen getroffen. Allein mit diesem vermeintlichen Terrorismus muß es doch eine ganz sonderbare Bewandtniß haben. Wenn es einer Meinung im Lande gelingen kann, nicht blos den mannigfachen Künsten und Mitteln einer entgegengesetzten Meinung, sondern zugleich den Einflüssen eines vielverzweigten Verwaltungs-Organismus, der Entfaltung militärischer und polizeilicher Kräfte, kurz dem ganzen Apparat einer gewaltigen Staats-Maschinerie gegenüber „Terrorismus" zu üben, so kann doch nur eins von diesen beiden zugegeben werden: Entweder jene angeblichen „zweihundert" müssen eine erstaunliche, ja eine geradezu unglaubliche Macht haben, tausende und aber tausende von Köpfen in allen Gegenden des Landes nach ihrem Sinne zu modeln und zu leiten; oder sie müssen eben nichts mehr und nichts weniger fühlen und wollen, als was in den tausend und aber tausend Köpfen in allen Gegenden des Landes auch ohne sie steckt, so daß folglich, auch wenn es gelänge diese zweihundert „weg" zu bringen, andere zweihundert aufstehen und dem allgemeinen Fühlen und Wollen Ausdruck geben würden.

Eine wo möglich noch auffallendere Erscheinung bietet das moralische Erstarken der Slovenen während der letzten Jahre. Wo sind die Tage hingerathen, da sich die teutonischen Journale Wiens erlauben durften, über das winzige „Tomanien", über die grammatikalischen Versuche und Anstrengungen der Slovenen u. dgl. zu spötteln? Heute spötteln sie nicht mehr darüber, sondern schimpfen entweder in der pöbelhaftesten oder wehklagen in der jämmerlichsten Weise, und wir haben nie vernommen, daß in derlei Kundgebungen ein Zeichen inwohnenden Selbstgefühls und Kraftbewußtseins liege. Vielmehr ist dahinter das unwillkürliche Bekenntniß zu suchen, daß der Gegner, den man früher überschauen zu können meinte, einigermaßen unbequem zu werden anfange. In Wahrheit hat der Slovenismus sowohl in Krain als in Südsteier von Jahr zu Jahr an Boden gewonnen, und wenn man derlei Dinge ausrechnen könnte, würde sich finden, daß dies in demselben Grade stattfand, in welchem der Teutonismus in jenen Gebieten sich anmaßender geberdete, bis er zuletzt in der alle Grenzen politischen Anstandes überschreitenden Phrase gipfelte: „Wenn man uns nicht gewährt, was wir verlangen, dann wissen wir wohin wir uns zu wenden haben!"

Es hat sich wohl nie in einem Staate der Cynismus einer Partei eine frechere Sprache erlaubt, als dies von Seite des cisleithanischen Teutonismus in der jüngsten Zeit geschehen. Doch weil die Frage nun einmal angeregt ist und ungestraft täglich von neuem angeregt wird*),

---

*) Erst in den letzten Decembertagen v. J. lasen wir in einem der größeren Wiener Journale: „Denn es ist klar, daß die Deutschen in Böhmen, Mähren lasset uns darauf eingehen! Ein Staatsmann der napoleonischen Schule hat vor einigen Jahren den Satz ausgesprochen, „Frankreich sei im Stande seinen Ruhm zu bezahlen"; wir unsererseits glauben mit gleichem Rechte behaupten zu können, Oesterreich sei in der Lage, Discussionen wie die eben erwähnte zu vertragen. Es wird darum nicht zu Grunde gehen, und wenn noch ein paar Dutzend Teutonenführer die Stirn besäßen, in laute Worte zu fassen, was sie vermessentlich in ihrem Innern bergen. Nun denn, so muß es uns erlaubt sein zu fragen, wohin wisset ihr, daß ihr euch zu wenden habt, wenn es hierzulande nicht nach eurem Willen geht? Ehedem war euer Sinn nach Frankfurt gerichtet; aber ein Frankfurt in euerem Sinne besteht heute nicht mehr. Also kann es nur jene Macht sein, die sich seit 1866 an die Stelle des früheren Einigungspunktes der deutschen Bestrebungen gesetzt hat, die preußische. Was ist's nun mit Preußen? Es hat seit März 1848 allerhand Leute gegeben, die da meinten, die Phrase, Preußen werde in Deutschland aufgehen, habe eigentlich zu bedeuten, Deutschland solle in Preußen aufgehen. Und Andere gingen noch weiter und verschwuren sich hoch und theuer, Preußen sei es gar nicht recht Ernst mit Deutschland, Preußen sei es eben nur Ernst mit — Preußen, und es werde darum in jedweder Lage diejenige Politik einhalten, die ihm für die Zwecke seiner Machterhaltung und seiner Machtvergrößerung als die tauglichste erscheint. Nun gehen wir aber weiter und fragen: Welche Politik würde aller Wahrscheinlichkeit nach Preußen als die tauglichste erscheinen, wenn sich die Wünsche jener erfüllen könnten, die „wissen wohin sie sich zu wenden haben", das heißt mit anderen Worten, wenn es denselben gelänge, den cisleithanischen Theil von Oesterreich dorthin zu bringen, von wannen sie Rettung ihrer hierzulande gefährdeten Hegemonie-Stellung erwarten?

Wir müssen zur Beantwortung dieser Frage etwas weiter ausholen. Die cisleithanischen Teutonen haben in den letzten Decen-

und Schlesien, wenn sie von den Stammesgenossen in Oesterreich preisgegeben würden, gegenüber der Gefahr des Zugrundegehens sich um andere Rettungsmittel umsehen und bei der Nähe derselben auch finden würden." Der letztere Theil dieses Satzes ist zwar nicht grammatikalisch deutsch, aber dabei doch verständlich deutsch.

nium alles erdenkliche geleistet, die nicht-deutschen Nationalitäten Oesterreichs in die Arme Rußlands zu treiben. Sie haben unter den verschiedenen Ministerien, die seit 1859 auf einander folgten, ein so exclusives Deutschthum zur Schau getragen, ihre und nur ihre Gefühle, Wünsche, Pläne so ausschließend in den Vordergrund gestellt, daß für ihre anderssprachigen Landesgenossen nicht neben, sondern allenfalls nur hinter ihnen Raum blieb. Eine solche Stellung behagt nun aber jenen anderssprachigen Landesgenossen nicht; sie verlangen Gleichstellung, und glauben sowohl ein angebornes als ein verfassungsmäßiges Recht zu haben, diese Gleichstellung zu erringen. Für den Fall als ihnen dies hier verweigert würde, scheinen auch sie ihrerseits zu wissen „wohin sie sich zu wenden haben", und haben dies bei wiederholten Anlässen zu erkennen gegeben. Als im Sommer 1865 der abtretende Staats-Minister in der „Neuen Welt" jenen Toast ausbrachte, der Oesterreich nach Frankfurt verwies und die Universitätsprofessoren aufforderte die akademische Jugend auf die „dritte Erhebung Deutschlands" vorzubereiten, da schallten ihm und seinen weinseligen Bejublern von den Pulten der Militärmusikbande der Rákóczy und der Rabecky-Marsch wie drastische Einsprachen der nicht-deutschen Völker Oesterreichs in die Ohren. Doch weiter südwärts von Hietzing und Wien weg, da wurden blos die Worte des Redners, nicht die Klänge der Regimentscapelle vernommen und die Antwort, die darauf zurückkam, war bezeichnend genug. „Da haben wir es denn heraus", belehrte der serbische „Napredak" seine Stammesgenossen, „was das Endziel der österreichischen Staatsmänner ist, und wir alle, die wir keine Deutschen sind, schulden Herrn von Schmerling für seine rückhaltlose Sprache besten Dank. Nun müssen wohl die Träume Jener zerfließen, die sich noch immer dem Glauben hingaben, Oesterreichs Politik könne eine Bahn einschlagen, die zur Zufriedenstellung aller nicht-deutschen Stämme auf seinem Gebiete zu führen und das Vertrauen der Völkerschaften jenseits seiner Gränzen zu erwecken im Stande wäre. Nun wird aber auch Rußland aus seiner seitherigen Gleichgiltigkeit heraustreten; denn in St. Petersburg wie in Belgrad, in Ruscuk wie in Mostar muß man jetzt einsehen, daß gegenüber einer Politik Oesterreichs, die keine Scheu trägt in so bezeichnender Weise sich zu enthüllen, Rußlands Interesse und das der christlichen unter dem Türkenjoch schmachtenden Völker eins und dasselbe ist." Anstatt sich nun durch so bedeutsame Kundgebungen von nicht-deutscher Seite zur Umkehr von seinem unheilvollen Vorgehen bestimmen zu lassen, glaubte vielmehr der cisleithanische Teutonismus auf seiner Bahn noch einen Schritt weiter vorgehen zu müssen, und die Parole: „Wir werden die Slaven an die Wand drücken", wurde ausgegeben. Ob die Worte wirklich gesprochen wurden oder nicht, von wem sie gesprochen oder nicht gesprochen wurden — man hat sie bekanntlich wiederholt dementirt — kann uns gleichgiltig sein; uns genügt, daß alles, was seit Ende 1866 vom cisleithanischen Teutonismus unternommen wurde, darnach aussieht, als ob er sich an jene Parole gehalten haben wollte. Aber wie ist das Experiment ausgefallen? Aus dem alten „Fornasari" erinnern wir uns an eine Anekdote, wo einer der ein Pferd besteigen soll den Himmel um seinen Beistand anfleht und dann, einen gewaltigen Anlauf nehmend, zwar auf der einen Seite hinauf, doch auf der andern wieder herunter kommt; „o Gott", ruft er schmerzvoll aus, „du hast mir zu viel geholfen — o Dio, mi hai stra jutato." So und nicht anders erging es auch dem cisleithanischen Teutonismus mit dem „an die Wand drücken" der Slaven; es ist ihm gelungen, aber etwas mehr als er es sich verlangte: die „Wand" hat nachgegeben und die Slaven sind — bis nach Moskau gedrückt worden! Nicht etwa als ob wir meinten, die österreichischen Slaven hätten unter andern Umständen nicht nach Moskau gehen dürfen. Denn wenn ihr Andern euch erlaubet, auf eure Gesangs-, Turn- und Schützen-Festhallen mit goldenen Lettern zu schreiben: „Wir sind ein einig Volk von Brüdern" und dazu eure nord-, mittel- und süddeutschen Stammesgenossen einzuladen, die doch in staatlicher Hinsicht eben so wenig zu euch gehören als die österreichischen Slaven zu Rußland, so konnte es doch auch letzteren niemals verwehrt sein, an einer gemeinsam slavischen Feierlichkeit sich zu betheiligen und sie durch Männer ihrer Wahl zu beschicken. Allein wenn in solcher Weise österreichische Slaven im Sommer 1867 auch unter gewöhnlichen Verhältnissen Moskau besucht hätten, so würde ihre Pilgerfahrt doch nicht einen politischen, sie würde nicht einen demonstrativen, einen so bedenklichen, ja gefährlichen Charakter angenommen haben, wie es leider thatsächlich der Fall war. So aber folgte auf den Stoß der Gegenstoß, und die bedauerlichen Nachwirkungen davon konnten bis auf den heutigen Tag um so weniger abgeschwächt werden, je weniger von der andern Seite irgend etwas wahrzunehmen war, das sich auf eine freund= lichere, versöhnlichere Wendung deuten ließ. Noch im April 1865 schrieb der Prager „Národ": „Wir denken nicht daran die Hilfe irgend jemands anzurufen, solange uns die Hoffnung nicht völlig benommen ist, daß uns in Oesterreich Recht werde." Nehmt heute eines der unabhängigen österreichisch=slavischen Organe zur Hand, und ihr werdet, wenn nicht ausdrücklich, so doch zwischen den Zeilen, ganz anderes lesen.

So weit hat es in dem Zeitraum von wenig Jahren eine leidenschaftlich verblendete Parteipolitik mit diesem schönen großen mächtigen Oesterreich gebracht! Mit diesem Oesterreich, wo sie Alle Platz haben, wenn sie sich nur einigermaßen verständig untereinander vertragen wollten! .... Doch halten wir mit Betrachtungen sol= cher Art jetzt noch zurück! Unsere jetzige Aufgabe ist, zum Schlusse zu bringen was wir eingeleitet haben, so peinlich uns auch die Erörterungen fallen, die sich an die vom cisleithanischen Teutonis= mus ausgegebene Parole knüpfen: „wir wissen wohin wir uns zu wenden haben". Das mögt ihr immerhin wissen, ihr Herren; aber wisset ihr auch das andere, was möglicherweise daraus erfolgen könnte? Seid ihr eurer Sache so gewiß, daß man dort, wohin ihr euch und eure slavischen Landesgenossen überliefern wollt, diese letztern auch wirklich wird deutsch machen wollen? mehr und mit verschärf= teren Mitteln wird deutsch machen wollen, als es eurer Meinung nach bisher in Cisleithanien geschehen? Wie, wenn die Rechnung anders ausfiele als ihr sie euch gemacht? wenn die Politiker an der Spree, anstatt, wie ihr euch erwartet, Tag und Nacht nur dar= auf zu sinnen, alles zu thun was sie euch an den Augen absehen, vor allem suchen würden, sich ihrer Herrschaft in Böhmen und in Slovenien auf's beste zu versichern, und wenn sie dabei zur Einsicht kämen, daß sie dies nur dadurch erzielen könnten, daß sie den Čechoslaven in den Ländern der St. Wenzelskrone und den Slovenen in den inneröfterreichischen Gebieten alles mögliche zu Gefallen thun, um in ihnen ja den Gedanken nicht aufkommen zu laſſen, daß ſie es unter einer andern, allenfalls ruſſiſchen Herrſchaft irgend beſſer haben könnten? Denn dahin würde es, wenn ſich die Pläne jener, die „wiſſen wohin ſie ſich zu wenden haben", je verwirklichen könnten, zuletzt gekommen ſein, daß wir die ruſſiſche Macht in unſerer unmittelbaren Nähe hätten. Der cisleithaniſche Teutonismus im Bunde mit dem transleithaniſchen Magyarismus würde der panruſſiſchen Idee ſo dienſtbar in die Hände gearbeitet haben, daß das Moskoviter-Reich im Zuſammenhange mit ſeinen Vaſallen-Staaten bis an die Leitha und Oder reichte, und daß das nach den Ideen ſeiner von Leidenſchaft geblendeten Vertreter geeinigte Deutſchland um dieſer drängenden ruſſiſchen Nachbarſchaft willen alles aufbieten müßte, ſich mit den ſeinem Bereiche noch angehörigen Slavenſtämmen auf beſten Fuß zu ſetzen, um nicht zuletzt auch ſie zu verlieren.

III.

Fabějev erblickt in der orientalischen Angelegenheit, die ihm eine Gemeinsamkeit der panslavischen, der polnischen und der Bosporus-Angelegenheit ist, eine Lebensfrage sowohl für Oesterreich als für Rußland. Nur sei sie dies, meint er, für beide in entgegengesetzter Richtung; das heißt, wie wir ihn zu verstehen glauben, für Rußland in der Richtung künftiger Größe, für Oesterreich in der Richtung unabwendbaren Zerfalls, oder, kürzer ausgedrückt, für jenes in positivem, für dieses in negativem Sinne. Wir haben im vorhergehenden Abschnitte uns zu zeigen bemüht, daß Fabějev mit seiner Ansicht, soweit selbe das dermalige Oesterreich betrifft, leider nicht im Unrechte sei; daß nämlich in allen Theilen unserer Monarchie Elemente vorhanden seien, die, verkehrt behandelt, dahin getrieben werden, sich außerhalb der Gränze des Kaiserstaates um jenen Haltpunkt umzusehen, den man ihnen innerhalb derselben nicht gewähren will; es hat sich uns dabei weiter gezeigt, daß von Seite der in Oesterreich augenblicklich dominirenden Parteien in wahnsinniger Verblendung alles mögliche gethan werde, jene Elemente in den Zustand des Verzweifelns an dem guten Willen oder an der Kraft der österreichischen Regierung zu versetzen und in Folge dessen die Grundlagen des Zusammenhaltes unseres vielgliederigen Staatsganzen zu untergraben.

Allein — sollte dies Bild nicht auch seine Kehrseite haben? Könnte nicht auch alles anders sein als es in diesem Augenblicke eben ist? Ließe sich nicht dasselbe Ding, das bei verkehrter Behandlung als Förderungsmittel des Zerfalls wirken müßte, bei rechter Behandlung zu einem Factor der Erhaltung, ja des künftigen Heiles und Wachsthums unserer Monarchie umgestalten? Mit andern Worten, um auf unseren Ausgangspunkt zurückzukommen: könnte die orientalische Frage aus einer österreichischen Lebensfrage in negativer Richtung nicht zu einer österreichischen Lebensfrage in positiver Richtung werden? Allerdings könnte sie das und, wir sagen mehr, wird sie das werden! Denn verhehlen wir es uns nur nicht: der Stimmen, die in einem dem waltenden Systeme der nationalen Hegemonien entgegengesetzten Sinne drängen, werden mit jedem Tage mehr, und es haben neuester Zeit mitunter Männer diese Standarte ergriffen, die in früheren Tagen selbst einer jener nationalen Hegemonietheorien anhingen und deren Ueberzeugungsänderung um so schwerer ins Gewicht fällt, je notorischer die Unabhängigkeit ihrer Stellung, die Uneigennützigkeit ihrer Gesinnung ist. Wenn wir unsrerseits die Feder ergriffen haben, so geschah es nicht darum, um jene Stimmen gleichgesinnter Männer um eine zu vermehren, sondern einzig aus dem Grunde, weil die von General Fadějev in so unverhüllter Weise bloßgelegten Pläne der panslavischen Partei Rußlands die Lage Oesterreichs jedenfalls in einem neuen Lichte erscheinen lassen, in welchem sie, unseres Wissens, von österreichischer Seite noch nicht mit voller Schärfe in's Auge gefaßt und erörtert wurde.

Der Unstern unserer innern und äußern Politik hat es gewollt, daß dieselbe seit dem Ende des vorigen Jahrhunderts passiv bleiben mußte. Von 1790 bis 1815 wehrten wir die französische Uebermacht ab. Von 1815 bis 1848 verlegten wir uns auf's Erhalten des Bestehenden und auf's Fernhalten alles Entstehenden. Von 1848 bis 1859 setzte uns die active Politik unseres italienischen, von da bis 1866 die active Politik unsers preußischen Nachbars außer Athem, von 1866 bis heute macht uns die active Politik der Magyaren zu schaffen. Und liegt nicht in den Ideen Fadějev's der Ausgangspunkt einer activen Politik Rußlands gegen uns? Kurz rings um uns herum hat und verfolgt alles seine positiven Ziele, und zwar stets auf unsere Kosten. Nur uns selber sehen wir seit mehr als achtzig Jahren immer in die Negative gestellt; wir wehren ab, wir vertheidigen uns, wir suchen drohende

Verluste von uns abzuwenden, und glauben damit genug gethan zu haben. Jede der europäischen Mächte hat ihre Idee, ihr Losungswort, ihr klar ausgesprochenes Programm; warum haben nur wir nichts von alle dem? Frankreich hat seine „idées napoléoniennes", Preußen hat die Ausfüllung seiner weiten Rüstung durch den noch immer zu schmalen Leib, Italien hat seine Einheit bis zum Brenner und an's andere Ufer der Adria, Rußland hat sein „Testament Peter des Großen" — was hat Oesterreich?

Doch wohl! Auch Oesterreich hatte, und hat nach der Meinung nicht Weniger noch bis zu diesem Augenblicke eine Idee, ein Losungswort, ein Programm. Doch leider, die Idee ist eine vergriffene, das Losungswort ist ein verfehltes, das Programm ein auf falsche Prämissen gebautes. Diesen Punkt sich klar zu machen; zur vollen und fruchtbaren Einsicht zu kommen, daß man sich bisher auf falschem Wege befunden; die klare und begründete Ueberzeugung zu gewinnen, daß darum eine vollständige Aenderung unserer innern wie äußern Politik erfolgen müsse: das ist nicht blos die Bedingung und Voraussetzung unserer künftigen Rettung, sondern ist zugleich der erste Schritt dazu, und zwar ein solcher, der zum Ausgangspunkt einer noch ungeahnten Macht und Größe Oesterreichs werden kann.

Kaum brauchen wir, was wir meinen, näher zu bezeichnen: das **gefährliche Trugbild vom ausschließlich deutschen Wesen und Beruf Oesterreichs** ist es, das bisher unsere innere und äußere Politik beherrschte und das darum dieselbe ein für allemal fahren lassen und gegen die Erkenntniß und Erfüllung des wirklichen Wesens und wahren Berufes Oesterreichs eintauschen muß, soll nicht mit der Zeit all das zur Wahrheit werden, auf was ringsum die Feinde Oesterreichs die Pläne ihrer Zukunft bauen.

Wir nannten sie ein Trugbild, diese Idee vom ausschließlich deutschen Wesen und Beruf Oesterreichs, und sie ist dies in zweierlei Hinsicht, sowohl in ethnographischer als in staatsrechtlicher.

Man wird von uns nicht verlangen, daß wir hier mit statistischen Daten über die Völkermischung in Oesterreich kommen, die man in jedem Handbuch der Staaten= und Länderkunde findet. Die betreffenden Verhältnisse sind bekannt, und ebenso bekannt und allgemein anerkannt sollte darum auch sein, was sich unmittelbar und einfach daraus ergibt: Das Wesen Oesterreichs ist nicht ausschließlich deutsch, sondern das Wesen Oesterreichs ist zum Theil deutsch, zum Theil slavisch, zum Theil magyarisch, zum Theil romanisch. Worin könnte also der vermeintliche ausschließlich deutsche Beruf Oesterreichs anders bestehen, als darin, seine nicht-deutschen Völkerstämme deutsch zu machen, sie im Deuschthum aufgehen zu lassen? Einen solchen Gedanken zu fassen, war vielleicht noch zu Kaiser Joseph II. Zeiten gestattet; unter den Verhältnissen jedoch, wie sie sich seitdem herausgebildet haben, und zwar wesentlich in Folge der josephinischen Germanisirungsideen herausgebildet haben, wäre es geradezu Thorheit, etwas dergleichen für möglich zu halten. Mag es ein Uebel sein, daß man heute nicht mehr daran denken kann aus Oesterreich einen sprachlich ungemischten Staat zu machen, so bleibt doch nichts anderes übrig, als dieses Uebel eben anzuerkennen, es hinzunehmen da es nun einmal da ist, und zu sehen wie man damit auskommt. Auskommen wird man aber damit nur dann, wenn man offen und ehrlich an die Stelle des ausschließlich deutschen Berufs Oesterreichs den österreichischen Beruf unserer Monarchie setzt, der nicht blos den Vortheil, das Wachsthum und Gedeihen eines ihrer Volksstämme, sondern aller derselben zum Ziele hat.

Daß die staatsrechtliche Seite des ehemaligen deutschen Berufes unseres Kaiserstaates in Folge der jüngsten Ereignisse verschwunden sei, braucht gleichfalls nicht näher auseinandergesetzt zu werden. Wir gehen aber weiter und behaupten, daß selbst dann, wenn die frühere Stellung Oesterreichs zu Deutschland noch fortdauerte oder von neuem geschaffen würde, von einem ausschließlich deutschen Wesen und Beruf desselben in staatsrechtlichem Sinne nicht die Rede sein könnte. Die „neue Aera" läßt sich ausgesprochen von dem Bestreben leiten, den frühern Polizeistaat in einen Rechtsstaat umzugestalten, und die ganze gebildete Welt ruft ihr in dieser Hinsicht Beifall zu. Nun denn, von allen Rechten, die man im freien Staate in Anspruch nehmen kann, ist doch ohne Frage das erste jenes der Existenz. Allein nicht blos das menschliche Individuum hat seine Existenz und fordert vom Rechtsstaate die Anerkennung, die Wahrung und Sicherung derselben, sondern auch jede selbstbewußte und lebensfähige nationale Individualität hat ihre Existenz und fordert vom Rechtsstaate in gleicher Weise die Anerkennung, die Wahrung und Sicherung derselben. Ein staatsrechtliches Verhältniß, das ausdrücklich und ausschließlich nur eine Nationalität herausheben und anerkennen, die andern blos dulden würde, sie gleichsam nur stillschweigend nebenher gehen ließe, die Eigenart derselben höchstens innerhalb der Privatsphäre des Einzelbürgers anerkennen wollte, ein solches Verhältniß vertrüge sich nicht mit der Natur eines freien Staates, müßte vielmehr denselben in einer seiner tiefgreifendsten Aeußerungen Lügen strafen, würde den angeblichen Rechtsstaat in sein Gegentheil, einen rechtsfeindlichen Zwangsstaat umschaffen.

Ein solches Beginnen aber schlöße, behaupten wir, unter den obwaltenden Verhältnissen nicht blos eine Täuschung in sich, sondern eine gefährliche Täuschung dazu. Einseitigkeit und Ausschließlichkeit in Behandlung der öffentlichen Angelegenheiten ist ein Fehler, dem früher oder später die Strafe auf dem Fuße folgt. In Staaten, deren Zusammensetzung eine so glückliche ist, daß sie dem zeitweisen Walten einer exclusiven Richtung keinen weitern Spielraum gestattet, als die mit der allgemeinen Wohlfahrt, oder vielmehr mit den Begriffen, die man sich davon unter wechselnden Verhältnissen bildet, vereinbar ist, äußert sich jene Strafe einfach darin, daß die Träger der Verwaltung wechseln, d. h. daß die Zügel der Regierung aus den Händen der Vertreter eines abgenützten überwundenen Standpunktes in jene der Verkünder einer neuen politischen Heilslehre übergehen. Unter Verhältnissen dagegen, wo den insgeheim gährenden oder offen widerstrebenden Elementen kein solcher Ausweg eröffnet ist, vermag die Sache nicht so gelinde abzulaufen. Eine einseitige, aber mit Geschick und Ausdauer verfolgte Politik kann da bedeutende blendende Erfolge erzielen, kann Jahrzehnde hindurch ihre Herrschaft behaupten. Aber je länger diese andauert, desto heftiger wird dann der Rückschlag sein, wenn einmal die unter dem Walten einer ausschließlichen Richtung nicht beseitigten, sondern nur darniedergehaltenen Gegenkräfte entfesselt zum gewaltsamen Durchbruch kommen und sich dann nicht damit begnügen sich in vollem Umfange zur langentbehrten Geltung zu bringen, sondern nur zu häufig für das, was sie unter dem Drucke der nun gefallenen Macht gelitten, Rache zu nehmen suchen, worüber im schlimmsten Falle alles in Trümmer gehen kann.

Fassen wir von diesem Gesichtspunkte unsere österreichischen Zustände in's Auge und prüfen wir das Verhältniß, in welchem bei uns die actuelle Regierungs-Politik zu ihren politischen Gegnern steht. Ist dieses Verhältniß von solcher Art, daß dasjenige, was die Opponenten anstreben, einzig einem Wechsel des Systems in der Linie der politischen Verwaltung gilt? Besteht die einseitige und ausschließliche Richtung der actuellen Regierungs-Politik, gegen welche unsere verschiedenen Oppositionen ankämpfen, einzig darin, daß jene entweder zu starr am Bestehenden hält oder zu rücksichtslos das Bestehende verwirft und daß es daher, um uns in landläufiger Redeweise auszudrücken, einzig darauf ankommt, an die Stelle eines „reactionären" Verwaltungs-Systems ein „liberales" zu setzen oder umgekehrt? Mit nichten! Der Gegensatz zwischen der actuellen Regierungs-Politik und den mehrseitigen Oppositions-Parteien greift bei uns ungleich tiefer und weiter; er ist auch keiner von jungem oder gar jüngstem Datum, so daß er etwa nur die gegenwärtige „neue Aera" beträfe; er datirt von beiläufig hundert Jahren her, und hat unter dem absoluten Regime seinem Wesen nach in derselben Weise bestanden, wie jetzt unter dem constitutionellen. Mit einem Wort, er ist ein solcher, der nichts mehr und nichts weniger als den Lebensnerv unsers Staatswesens trifft und dessen Ausgleichung daher geradezu die Lebensfrage desselben ist.

Es gibt in der Brust des Einzelnen wie im Gefühl der Völker eine Saite, die man nicht rauh berühren, die man nicht verletzend angreifen darf, wenn man nicht die schrillsten Mistöne wachrufen will. Es ist dies die Eigenart des selbstbewußten Menschen und in gleicher Weise die Eigenart jedes nicht zu völligem Stumpfsinne herabgesunkenen Volkes. Aber gebt euch die Mühe — und sie verlohnt sich dessen wahrhaftig! — diese Eigenart eurem Verständniß nahe zu bringen und behandelt Individuum oder Volk darnach, und ihr werdet Wunder mit ihnen wirken. Noch vor hundert Jahren, in der theresianischen und josephinischen Zeit, ließ sich die Frage aufwerfen, ob unsere Monarchie auf deutschen oder auf slavischen Fuß gestellt werden solle. Dazumal schien allerdings, was man Volks-

bewußtsein nennt, nicht unter die Factoren zu gehören, die man in
Rechnung zu ziehen brauchte. Es war die Zeit der Herrschaft jenes
nivellirenden kosmopolitisirenden Geistes, der unter seinen univer=
sellen Ideen und Strebungen alle Unterschiede der Race, der Sprache,
des Glaubensbekenntnisses überbaut und verwischt zu haben schien,
so daß man dieselben nicht mehr beachten zu müssen, daß man über
sie hinweg mit kühnem Schritte seinen philosophischen und philan=
thropischen Phantasien zueilen zu können meinte. Doch gerade dieses
rücksichtslose Vorgehen hat bekanntlich die Todtgeglaubten zu neuem
Leben erweckt. Das Herauswachsen des specifischen Magyarenthums,
das Erwachen des slavischen Nationalgeistes in Böhmen, das bald
auch in den östlichen Nachbarländern, Mähren und Oberungarn, wie
bei den südlichen Slovenen und Kroaten zündend wirkte, das alles
reicht mit seinen ersten kaum bemerkten Keimen eben in jene Zeit
zurück, da Joseph II. sagte: „Ein Reich, das ich regiere, muß nach
meinen Grundsätzen beherrscht werden. Ich bin deutscher Kaiser, folg=
lich sind alle meine Länder Provinzen" ꝛc. Es war nicht Eigensinn
der Laune, es war nicht herrschsüchtige Willkür, was ihn zu solchen
Aussprüchen trieb. Im Gegentheil, es hat kaum je das Herz eines
Monarchen für das allgemeine Wohl, für das Heil seiner Völker
wärmer geschlagen, aufrichtiger gefühlt, aufopfernder gewirkt, als
das des Sohnes der großen Theresia. Und dennoch muß man sagen,
daß keiner der Beherrscher der habsburgischen Erblande der Regie=
rungsweise derselben einen so nachhaltig störenden Impuls gegeben
hat, als eben Joseph II. durch seine Maxime: „Ich bin deutscher
Kaiser und folglich sind alle meine Länder Provinzen." Denn dieser
Impuls, in der nach=josephinischen Zeit unter Umständen festgehalten
die seither von Jahrzehent zu Jahrzehent völlig andere geworden
waren, hat das gefährlichste herbeigeführt, was einem aus verschie=
denartigen Gebieten bestehenden Staatsganzen zustoßen kann: er
hat den Mittelpunkt des Reiches, der zugleich dessen An=
ziehungs= und Einigungspunkt sein sollte, dessen Theilen
fast völlig entfremdet. Schon hat sich ein mächtiger tiefgrei=
fender Riß vollzogen: die Idee des exclusiven Deutschthums, ver=
zweifelnd an der Möglichkeit ihre Herrschaft auch in der ungarischen
Reichshälfte fortführen zu können, und sich daran klammernd die=

selbe wenigstens in der nicht-ungarischen zu behaupten, hat jene preisgegeben und aus dem einheitlichen Reich ein Doppel-Reich geschaffen.
Ein ähnlicher Riß steht, wenn nicht alle Anzeichen trügen, in naher
Zukunft bevor. In einem Gespräche, das wir vor mehreren Jahren mit
einer der damals maßgebenden Persönlichkeiten führten, entfiel derselben
die Aeußerung: „Galizien betrachte ich als verloren", und als wir
den Sprecher verwundert mit großen Augen ansahen, fügte er bei:
„Für die Germanisirung, meine ich!" So wird man denn, weil man
das Land „für die Germanisirung" verloren hält, etwa auch Galizien
freigeben, um, da man schon nicht das ganze nicht-ungarische Gebiet
unter deutscher Oberhoheit beisammenhalten kann, wenigstens das
nicht-ungarisch-galizische zu halten? Sodann würde aber in dem ver-
engten Rahmen die böhmische Opposition um so fühlbarer wirken
und es möchte mit der Zeit ein gelehrter Thebaner von einem
österreichisch-deutschen Hegemonen vielleicht finden, daß auch Böhmen
als verloren zu betrachten sei — „für die Germanisirung nämlich",
und daß man daher in des Himmels Namen auch die Länder der
St. Wenzelskrone freilassen müsse, um wenigstens das nicht-ungarisch-
galizisch-böhmische Gebiet zu erhalten. Dalmatien wird man mitt-
lerweile bereits längst an Ungarn cedirt haben, denn wie könnte
man bei den Morlaken und Krivošijern mit deutschen Schulmeistern
durchzudringen hoffen? So blieben doch immer noch die inneröster-
reichischen Lande gerettet, wenn nicht da wieder die Slovenen sich
zuletzt so verstockt und ungelehrig zeigten, daß man auch sie gezwungen sein könnte „als verloren" zu betrachten, „für die Germanisirung nämlich" . . . .

Wir haben wohl kaum zu besorgen mißverstanden zu werden,
als ob unsere Meinung dahin ginge, daß die Wünsche der Gali-
zianer, die Wünsche der böhmisch-mährischen Opposition, die Wünsche
der slovenischen Patrioten nicht erfüllt werden sollten. Im Gegentheile, sie sollen, sie müssen sogar, wenn man nicht das
Staatsgebäude in Brüche gehen lassen will, erfüllt werden. Allein
es ist ein himmelweiter Unterschied: Galizien, Böhmen 2c. gleichsam preisgeben, wie man Ungarn preisgegeben hat, weil man daran
verzweifelt sie noch weiter nach einer vorgefaßten Idee modeln
und gängeln zu können; und: von dieser vorgefaßten Idee ablassen

und nach besser gewonnener Einsicht Galizien, Böhmen ꝛc. in vollem Maße gewähren, was sich mit dem Bestande und Wohle des Staatsganzen verträgt.

Welches ist jene vorgefaßte Idee von der man ablassen soll? Welches ist jene bessere Einsicht die man gewinnen muß? Welches ist jenes Maß von Gewährungen, das sich mit dem Bestande und Wohle des Staatsganzen verträgt?

Die seit Kaiser Joseph II. Zeiten vorgefaßte Idee von der man endlich einmal ablassen soll, ist die, daß Oesterreich ein ausschließlich deutscher Staat sei.

Die bessere Einsicht die man gewinnen muß, ist jene, daß Oesterreich seinem Ursprunge nach, seiner geschichtlichen Entstehung und Zusammensetzung nach, seinem innern eigentlichen und wahren Wesen nach ein polyglotter Staat ist.

Das Maß von Gewährungen, das sich mit dem Bestande und Wohle des Staatsganzen verträgt, liegt darin, daß

einerseits die Idee der Staatseinheit gewahrt und in allem, was zur wirksamen Durchführung und Handhabung derselben unerläßlich erscheint, festgehalten, daß aber

andererseits **innerhalb dieser Gränzen** die staatsrechtlich besondere und national verschiedene Eigenart der Ländergebiete, deren historischem Zusammenwachsen die österreichische Großmacht ihr Entstehen und Dasein verdankt, anerkannt und in der diesen Ländergebieten zu gewährenden politischen und repräsentativen Selbstverwaltung zu praktischem Ausdruck gebracht werde.

Das staatliche Gebilde, in welchem diese beiderseitigen Anforderungen zur Wirksamkeit gelangen, heißt uns

der **decentralisirte Einheitsstaat.**

* * *

Unsere Aufgabe ist hier nicht ein eingehendes Programm auszuarbeiten. Wir können uns in einige Auseinandersetzungen nur insofern einlassen, als sie uns von dem Endziele unserer Schrift, das wir nicht aus dem Auge verlieren dürfen, nicht zu weit ab-

lenken. Darum nur weniges zu begründender Erläuterung des so
eben Angedeuteten.

Der decentralisirte Einheitsstaat sagt sich von der bisher
irrthümlich und gemeinschädlich festgehaltenen Idee des
ausschließlich deutschen Charakters Oesterreichs los. Ist
Oesterreich deutsch, so trennt das seine Bevölkerung in zwei ver=
schiedene Bestandtheile: Deutsche und Nicht=Deutsche. Die Einen
sind die eigentlichen Oesterreicher, denn einem „deutschen" Oester=
reich gehören doch eigentlich nur Deutsche an; die Andern heißen
nur Oesterreicher, weil ihnen der deutsche Charakter des Staats=
gebildes nicht anklebt. Jene sind die Bevorzugten, die Alleinberech=
tigten, die Hegemonen; diese sind die Verkürzten, die einstweilen,
so lang nämlich an ihnen das Werk der Germanisirung nicht voll=
zogen ist, blos Geduldeten, die Heloten. Die Ersteren sind Selbst=
zweck, die Anderen sind nur Mittel zum Zwecke.

Der decentralisirte Einheitsstaat erkennt, erfaßt und behandelt
Oesterreich als das, was es von allem Anfang her war und nie
aufgehört hat zu sein: als einen in nationaler Hinsicht ge=
mischten, einen polyglotten Staat. Die Einheit der Nation
läßt sich in Oesterreich nicht auf dem Wege erreichen, wie in Frank=
reich oder in Italien. Der Beherrscher von Frankreich heißt und ist in
Wahrheit Beherrscher der Franzosen; denn so ungleichartig auch die
Bevölkerung dieses Landes in ethnographischer Hinsicht ist, so bilden
die Bretonen, die Deutschen, die Basken, die Italiener doch nur
verhältnismäßig geringfügige und unselbständige Bruchtheile der
Bevölkerung, und sie insgesammt fühlen sich als Franzosen und
sind darum Franzosen. Der Beherrscher von Oesterreich ist aber
nicht blos Beherrscher der Deutschen in Oesterreich, er ist zugleich
Beherrscher der Magyaren, der Polen und Ruthenen, der Čechosla=
ven ꝛc., die sich insgesammt nicht als Deutsche fühlen und darum
auch keine Deutschen sind. Der Gesammtstaat Oesterreich hat ent=
weder keinen deutschen Beruf, oder er hat eben so gut, das heißt:
mit eben dem Rechte und mit eben der heiligen Pflicht neben dem
deutschen gleichzeitig einen magyarischen, einen polnisch=ruthenischen,
einen čechoslavischen ꝛc. Beruf. Mit andern Worten: Oesterreich hat
nicht mehr und nicht weniger als einen österreichischen Beruf.

Der decentralisirte Einheitsstaat erkennt, erfaßt und behandelt Oesterreich aber auch ferner als einen in staatsrechtlicher Hinsicht aus verschiedenartigen Bestandtheilen zusammengefügten Staat. Der Hauptstock unserer Monarchie hat sich bekanntlich bleibend im Jahre 1526 durch die Vereinigung der Kronen Ungarn und Böhmen mit dem habsburg-österreichischen Länderbesitze gebildet. Die Vereinigung war von allem Anfang keine bloße Personalunion, sondern eine eigentliche Realunion, die im Laufe der Jahrhunderte immer festere Bande um den, nach und nach mit einigen andern Bestandtheilen vermehrten Länder-Complex zog. Dabei blieb aber die staatsrechtliche Sonderheit der zu einem Ganzen zusammengefügten Bestandtheile vom Anfang und durch alle Zeiten sichtlich und gewahrt. Ja die hervorragende Bedeutung der beiden Ländergebiete von Ungarn und Böhmen wurde von ihren Beherrschern, den deutsch-österreichischen Habsburgern, in so bezeichnender Weise anerkannt, daß sie insgesammt bis auf Maria Theresia herab „Könige von Ungarn und Böhmen" sich nannten und von allen auswärtigen Mächten genannt wurden, ja daß noch Kaiser Franz im Jahre 1804 lange damit umging, sich „Kaiser von Ungarn und Böhmen", seinen Staat „ungarisch-böhmisches Kaiserthum" zu nennen. Wie am Herrschersitze, so wurde auch, und in erhöhtem Grade, im Bewußtsein der Völker selbst das Gefühl ihrer staatsrechtlich-geschichtlichen Sonderheit und Eigenart stets festgehalten und hat sich, so oft die Zeitströmung darüber hinwegspülen wollte, jedesmal mit verstärkter Kraft geltend zu machen gewußt. Und zwar war dies nicht blos mit den beiden großen Königreichen Ungarn und Böhmen, sondern auch mit den andern unserer Monarchie einverleibten Gebieten, ja selbst mit einzelnen Theilen jener Gebiete der Fall. Obgleich zur St. Stephanskrone gehörig haben Kroatien und Slavonien zu keiner Zeit in Ungarn, obgleich zur St. Wenzelskrone gehörig haben Mähren und Schlesien nie in Böhmen, obgleich zum österreichisch-habsburgischen Länderbestande gehörig hat Tyrol nie in Oesterreich derart aufgehen mögen, daß sie ihrer staatsrechtlich-geschichtlichen Sonderheit und Eigenart völlig entsagten. Jedes dieser Gebiete hegt und hütet wie einen kostbaren Schatz seine eigene Geschichte, seine theuren Erinnerungen, und will und wird von ihnen nicht lassen. In dieser Eigenart seiner verschiedenen Bestandtheile liegt geradezu das Wesen unserer Monarchie, dasjenige innere nicht zu verwischende Merkmal derselben, das sie zu dem macht, was sie ist und das sie von allen andern modernen Staatsgebilden charakteristisch unterscheidet. Sie ist damit zustande gekommen, sie ist damit gewachsen und sie kann nur damit gedeihen. Eine Departementirung des Gebietes unserer Monarchie war zu keiner Zeit möglich und wird zu keiner Zeit möglich sein. Nicht das kleine Vorarlberg will es sich gefallen lassen, mit dem übrigen Tyrol völlig in eins zusammengeworfen zu werden; nicht die, doch nur künstliche Schöpfung der Militärgränze will ignorirt bleiben beim Ausbau der künftigen Staatsverfassung Oesterreichs; und dann unternehme es Einer, das große reiche und intelligente Böhmen in einen Canton der obern Eger, der Luznic und der Sazava, des Kip und des Jeschken 2c. zu zerlegen, oder wohl gar Cantone aus einem Land in's andere hinübergreifen zu lassen! Der decentralisirte Einheitsstaat wird im Gegentheile nicht blos den größern Ländergruppen, wie der ungarischen, böhmischen, galizischen, als solchen ihr staats-historisches Recht widerfahren lassen; es wird auch innerhalb dieser Umrahmungen dafür gesorgt sein müssen, daß Gebieten, die ein Anrecht auf Berücksichtigung ihrer eigenthümlichen Verhältnisse erworben haben, ein gewisses Maß von Selfgovernment gewahrt bleibe.

Mahlen wir uns aus, welches die muthmaßlichen, wir dürfen mehr sagen, welches die zuversichtlichen Folgen einer derartigen Ordnung der Dinge in unserer Monarchie sein müßten!

Welches war von dem Zeitpunkte an, da das Trugbild des ausschließlich deutschen Charakters und Berufs von Oesterreich unsere Regierungs-Politik gefangen nahm, jenes Gespenst, womit auswärtige Publicisten, Staatskünstler, Annexions-Lustige uns zu schrecken verstanden? Die Appellation an das Selbstgefühl der vom deutschen Regiment verkannten und hintangesetzten nicht-deutschen Nationalitäten! Schon Napoleon I., als er 1805 und 1809 mit seinen fränkischen Heerschaaren in das Herz Oesterreichs drang, griff zu diesem Mittel, um unsere Monarchie, wie er sich einbildete, in zwei Hälften auseinanderfallen zu machen. Dieselben Hebel setzten in der jüngsten Zeit Mazzini, Garibaldi, Bismarck in Bewegung, als sie ihre Proclamationen über die Gränzen unseres Vaterlandes hereinzuschmuggeln und zu der äußeren Kriegsgefahr den um sich greifenden Brand innern Haders und Zerwürfnisses heraufzubeschwören suchten. Zwar gelang ihnen nicht, was sie anstrebten. Napoleon I. sah seinen bombastischen Aufruf an die Bevölkerung Ungarns wirkungslos verschwinden, und die Proclamationen der modernen Aufwiegler blieben ohne nennenswerthen unmittelbaren Erfolg. Allein sie alle mußten doch mindestens einen Anhaltspunkt haben, woran sie ihre auf den Umsturz des Kaiserstaates abzielenden Fäden knüpfen zu können meinten; es mußte doch irgend ein Grund vorhanden gewesen sein, warum die Feinde Oesterreichs, seit die Nationalitätsidee stärker in das Bewußtsein der Völker getreten ist, für ihre Aufreizungen einen Anklang und Wiederhall zu finden hoffen konnten. An einem solchen Anhaltspunkt und Grund nun fehlte es bisher allerdings niemals, und fehlt es leider, wie wir im zweiten Abschnitte gezeigt, bis zur Stunde nicht: er lag und liegt in der nicht zu läugnenden Thatsache, daß ein großer Theil der nicht-deutschen Nationalen Oesterreichs von Wünschen beseelt, von Bestrebungen erfüllt ist, deren Gewährung ihnen die bis nun zu waltenden Systeme versagen zu müssen meinten. Daraus entsprang in jenen nationalen Kreisen ein weitverbreitetes Mißvergnügen über die Absichten und Handlungen der Central-Verwaltung, welches die Feinde Oesterreichs für wirksam genug hielten und noch halten, um darauf ihre vermessenen Zerstörungspläne zu bauen. Wenn sich daher unsere Regierung entschlöße einem Systeme zu huldigen, bei welchem die berechtigten Wünsche und Bestrebungen der nicht-deutschen Nationalen volle Befriedigung fänden, so ist es klarer als das Sonnenlicht, daß auch jeder Schein von Hoffnung schwinden müßte, durch Aufstachelung nationaler Leidenschaft und Wachrufung nationaler Schmerzensschreie auf den Zerfall Oesterreichs speculiren zu können. Ein solches System ist aber ohne Frage der decentralisirte Einheitsstaat. Nicht nur daß dabei jedes Land oder Ländergebiet seine innere Verwaltung in sprachlicher Hinsicht in solcher Weise herzustellen vermöchte, wie dies seinen Zuständen und Bedürfnissen am besten zusagt; es ließen sich auch in den weitern Abstufungen des Kreises und Bezirkes die den sprachlichen Verhältnissen am meisten zusagenden

Einrichtungen treffen. Würden sich auch dabei noch — was ja nie ganz ausbleibt, so lange Menschen Menschen sind — Unzufriedenheit und Mißbehagen im Einzelnen offenbaren, so könnte dies doch nicht mehr der Gesammtregierung zur Schuld geschrieben und von Feinden oder Mißvergnügten als Vorwand zur Auflehnung gegen dieselbe ausgebeutet werden.

Wie gegründet diese Voraussetzung ist, zeigt am auffallendsten der Umschwung in der öffentlichen Meinung Galiziens, seit die kaiserliche Regierung diesem Lande, und insbesondere dem polnischen Theile seiner Bevölkerung größere Aufmerksamkeit zuwenden zu wollen schien. Als das gewaltsame Ende des letzten polnischen Aufstandes Besonnenheit und Ueberlegung in die Gemüther zurückkehren ließ, fing man an einzusehen, daß man es unter der österreichischen Regierung doch nicht so schlecht habe. Man stellte Vergleiche an mit dem Schicksal der Stammesbrüder unter preußischer und russischer Oberherrschaft und die Vergleiche fielen nicht zu Ungunsten der heimischen Zustände aus, und statt Schmerzensrufe in das Ausland zu senden wie man früher gethan, begann man ernstlich zu erwägen, ob den wahren Interessen des polnischen Volkes durch innigen Anschluß an Oesterreich nicht besser gedient sei, als durch trotzige Auflehnung wider den Kaiserstaat oder schmollende Abkehr von dessen Regierung. „Wer noch an der hohen Sendung Galiziens zweifeln könnte", so ließ sich um jene Zeit die „Gazeta Narodowa" aus Paris schreiben, „der mag die in Lemberg ausgegebenen Schriften mit denen in anderen Provinzen des alten Polens vergleichen. Die erhabensten religiösen, socialen und politischen Aufgaben können bei Ihnen erörtert werden. Ist dies in Wilno, Warschau oder Posen möglich? Sehen wir uns um, wo man uns heute gestattet zu reden, zu schreiben, zu lernen, uns zu bilden, zu vervollkommnen und polnisch zu leben. Wenn wo ein solches Asyl existirt, achten wir es und laßt uns Nutzen aus ihm ziehen." Bald darnach begann man, sich ernstlich mit der „Aufstellung einer gesetzlichen Rechtsbasis" für das Verhältniß Galiziens zu dessen erlauchtem Herrscher zu beschäftigen und gab sich der Ueberzeugung hin, daß nur auf solchem Wege jene Beruhigung der Gemüther und dadurch jenes Gefühl innerstaatlicher Ungefährdung und Sicherheit zu erzielen sei, das man

bisher in der Stellung des polnischen Karpathenlandes zu dem
österreichischen Gesammtstaate schmerzlich vermißte. „Oesterreich, das
sich auf diesen Boden stellt, versöhnt sich mit den edlen Bestrebun=
gen der Neuzeit, die Civilisation und der mächtige Zeitgeist haben
in ihm seine festeste Stütze. Im Innern durch die richtige Lösung
der Principien=Fragen consolidirt kann es die höchsten Aufgaben zu
rascher und blühender Entfaltung leiten, seinen Schwerpunkt beliebig
je nach den Anforderungen und den Interessen der bedrohten Grän=
zen seiner freien Völker verlegen. Die Kraft wächst, sobald die Krone
des heiligen Stephan, die böhmische Krone und die Krone der
Jagellonen der österreichischen Kaiserwürde jene höhere Weihe und
Mission verleihen." Es war in der Belcredi'schen, in der „verfaj=
sungslosen", der schrecklichen Zeit, als sich galizische Stimmen in
solchem Sinne vernehmen ließen. Seither ist das Verhältniß Gali=
ziens zur Central=Verwaltung im ganzen kein unfreundlicheres gewor=
den, weil die nationale Partei des Landes nie völlig die Hoffnung
aufzugeben brauchte, das Wesentliche ihrer Wünsche auf versöhn=
lichem Wege erreichen zu können, und die Neigung der galizischen
Polen, das Heil ihres schwer geprüften Vaterlandes im Anschlusse
an Oesterreich zu suchen, ist sich vorwaltend gleich geblieben.

Wir wissen sehr wohl, daß, was bisher für Galizien gethan
wurde und was man vielleicht noch weiter dafür zu thun im Be=
griffe steht, nicht von jenem Standpunkte aus geschieht, den wir als
den für Gesammt=Oesterreich allein wahren und schicklichen verfechten,
sondern weil man, nach allen Seiten im Gedränge, sich mindestens
von einer etwas Luft machen zu wollen scheint, vielleicht auch weil man
Galizien ohnehin für halb „verloren" ansieht, „für die Germanisirung
nämlich". Allein nehmen wir an, man suche vom Centrum aus den
galizischen Forderungen innerhalb der durch die Reichseinheit
gebotenen Schranken zu willfahren:

erstens in dem aufrichtigen Streben, den Wünschen der nicht=
deutschen Bevölkerung des Landes gerecht zu werden, und

zweitens aus der begründeten Ueberzeugung, die staatsrechtliche
Sonderheit des Landes, an welcher der Absolutismus nicht zu rüt=
teln wagte, noch weniger unter der Herrschaft des Constitutionalis=
mus gefährden zu lassen;

4*

nehmen wir ferner an, man wolle und werde sich vom Centrum aus auch den böhmisch=mährischen, den slovenischen, den dalmatinischen Forderungen gegenüber von einem gleich aufrichtigen Streben, einer nicht weniger begründeten Ueberzeugung leiten lassen: wie sehr müßte sich da mit einem Schlage die ganze Physiognomie unseres innerstaatlichen Lebens zum Vortheile ändern und wie sehr müßte da mit einemmale unsern auswärtigen Neidern und Widersachern jede Aussicht benommen sein, auf den Widerwillen und die geheime Abneigung der nicht=deutschen Völkerschaften Oesterreichs feindselige Pläne zu gründen?

Ueber die Nationalitäten= und Sprachen=Frage ist bei uns in den letzten Jahren so viel gesprochen und geschrieben worden, daß sich kaum etwas neues darüber vorbringen oder dem Gegenstande eine neue Seite abgewinnen läßt. Und dennoch kehren immer die alten Irrthümer und Ueberspanntheiten, die alten Aengstlichkeiten und Einbildungen wieder, so daß, wie es scheint, nichts anderes übrig bleibt, als was schon hundertmal gesagt wurde, zum hun= dertundeintenmale wieder zu sagen. Nun denn: Nationalität ist keine heidnische Idee, wie die Einen, keine civilisationswidrige, wie die Anderen, keine revolutionäre, wie die Dritten meinen: sie ist ganz einfach eine naturgemäße Idee. Mißbrauch kann von jedem Dinge gemacht werden, folglich auch von der Nationalitätsidee; aber hier= aus folgt nicht, daß man das Kind mit dem Bade ausschütten, daß man wegen des üblen, das sich daran hängen könnte, auch das gute verwerfen müsse, das ihr zu Grunde liegt. Es folgt vielmehr hieraus nur das, daß man sich klar machen müsse, wie weit in einem poly= glotten Staate, Lande, Bezirke die Forderungen der Nationalen dem andersprachigen Theile gegenüber gehen können; welches die Ge= währungen seien, welche die gemeinsame Regierung den verschiedenen Nationalitäten zu gönnen hat; wo endlich die Gränzen liegen, die von der einen wie von der andern Seite ungestraft nicht überschrit= ten werden dürfen. Der Staat wird darüber nicht zu Grunde gehen; im Gegentheile wird der feste Kitt, den nur das Vertrauen, die Zufriedenheit, die Opferwilligkeit seiner verschiedensprachigen Völker= stämme liefern kann, dadurch nur desto kräftiger und ausdauernder werden. Auch die Befürchtung, der bei solchem Vorschlage das

Gleichniß von der babylonischen Sprachenverwirrung in den Sinn kommt, stellt sich bei näherem Eingehen als eine grundlose dar, weil es, was die Besorgung des innern Dienstes betrifft, die Regierung immer in der Hand behalten muß, jene Vorkehrungen zu treffen, die sie, um die Staatsmaschine in leichtem Gang zu erhalten, als die geeignetsten erkennt. Die Forderungen der Nationalen gehen offenbar zu weit, wenn sie wünschen, daß der Verschiedenheit der Landessprachen auch in dem Getriebe der Regierungsbehörden und in dem Exercierreglement des Heeres Rechnung getragen werde. Der Grundsatz der sprachlichen Gleichberechtigung erstreckt sich über den ganzen Umfang von Schule und Kirche, von Amt und Gericht, von Handel und Verkehr, so weit dadurch die einer gewissen Sprache mächtige Privat-Partei betroffen wird. Was jenseits dieser Gränze liegt, gehört nicht mehr dem Grundsatz der sprachlichen Gleichberechtigung an, sondern fällt einzig den Rücksichten der Zweckdienlichkeit anheim. Wenn es die Regierung in der Ordnung findet, sich im Verkehr mit den Organen auswärtiger Mächte der französischen Sprache zu bedienen, ohne daß dabei die Nationalen Grund hätten, über Verletzung der angebornen Rechte ihrer Muttersprache Klage zu führen: so müssen sie dem Ermessen der Regierung auch darin freie Hand lassen, welche Sprache sie für den inneren, zu den Privat-Parteien in keinerlei Beziehung stehenden Geschäftsgang, für den Verkehr ihrer Behörden unter einander und mit den übergeordneten Verwaltungsstellen vorzuschreiben für gut findet. So lange für niemanden ein Zwang besteht in den Staatsdienst zu treten, kann sich auch niemand darüber beschweren wenn von demjenigen, der dies aus freien Stücken thut, die Erfüllung gewisser Vorbedingungen gefordert wird und wenn sich unter diesen Forderungen die Kenntniß einer bestimmten Sprache befindet. Bei dem Militärdienst ist das allerdings anders; er ist allgemeine Bürgerpflicht, aber eben weil er dies ist, fällt darunter eben so wohl die Einübung nach gewissen, der ganzen Armee gemeinschaftlichen und geläufigen Commandoworten, wie das Marschiren nach dem Trommelschlag, das Horchen auf das Trompetensignal. Jahrhundertjährige Erfahrung lehrt, daß diese Einrichtung ebenso zweckmäßig, ja nothwendig, als durchführbar ist, und daß keiner der jungen Männer, die in Reih und Glied nach deutschen und deutsch-französischen Schlagworten ihren militärischen Dienst verrichten, darum an ihrer Nationalität Abbruch leiden, wenn nur sonst darauf gesehen wird, daß ihre geistigen Bedürfnisse in Schule, Kirche und vor Gericht in ihrer Muttersprache befriedigt werden. Die Versehung der verschiedenen Truppenkörper mit Seelsorgern und Auditoren, welche der Sprache des betreffenden Contigents mächtig sind, und die Vorschrift, daß sich jeder Officier die Mundart seiner Mannschaft eigen machen müsse, beweisen hinlänglich, daß unsere Armeeverwaltung jene Bedürfnisse kennt und ihnen zu genügen strebt.

Was so eben von dem Verhältnisse der gemeinsamen Reichsregierung zu den verschiedenen Sprachstämmen gesagt wurde, gilt in gleicher Weise von jener der Landes-, Kreis-, Bezirks-Verwaltung zu der in diesen engeren Gränzen verschiedensprachig wohnenden Bevölkerung. Auch hier wird es nur darauf ankommen, daß in der Berührung der landesfürstlichen oder autonomen Organe mit der Oeffentlichkeit oder einzelnen Privaten dem sprachlichen Bedürfnisse genügt werde, während der innere Dienst jener Organe einsprachig eingerichtet sein und jene Sprache für diesen Zweck bestimmt werden kann, für welche die Rücksichten einer zweckmäßigen und unbehinderten Versehung des Dienstes am meisten sprechen. Sollten es z. B. in der Zukunft die Verhältnisse mit sich bringen, daß für den innern Dienst der Landes- und bis zu einem gewissen Grade — nämlich mit Ausnahme der überwiegend anderssprachigen Gebiete — der Kreis- und Bezirks-Verwaltung in Böhmen und Galizien die böhmische und polnische Sprache gewählt würde, so wird die deutsche Bevölkerung dort, die ruthenische und deutsche hier keinen Grund haben sich darüber aufzuhalten, dafern nur im Verkehre mit den Parteien in allen Fällen jedem Theile das geboten wird, was er nach dem Grundsatze nationaler Gleichberechtigung zu verlangen berechtigt ist.

* * *

Eine besondere Anwendung leidet das, was so eben ausgeführt wurde, auf Ungarn. Kein mit den Verhältnissen dieses Landes

irgend Vertrauter wird in Abrede zu stellen versuchen, daß der unga=
rischen Sprache bis zu einem gewissen Grade eine Art von Su=
prematie im öffentlichen Leben des Landes zufallen müsse. Allein
durchaus ist nicht einzusehen, warum diese Suprematie in Ungarn
weiter gehen solle, als dies in anderen Ländern mit jener Sprache
der Fall ist, die als Amtssprache für den innern Geschäftsgang
einzuführen für gut befunden wurde. Allerdings scheint die magya=
rische Partei in Ungarn bis zur Stunde von diesem Standpunkte
noch weit entfernt zu sein. Der einzige Unterschied zwischen heute
und vor 48 besteht darin, daß man früher die Eindrängung der
magyarischen Sprache in alle Kreise des amtlichen, gerichtlichen,
kirchlichen und Schullebens der anderssprachigen Stämme offen und
gewaltsam betrieb, während man jetzt die Netze einer verfänglichen
Theorie auswirft, um unter dem Walten von exclusiv magyarischem
Geiste durchdrungener Organe das gleiche Ziel auf Umwegen zu
erreichen. Es liegt unter den gegenwärtigen Umständen durchaus
nicht außer dem Bereiche der Möglichkeit, daß sich dieses System
für eine gewisse Zeit die Herrschaft erringe. Allein dauernden Be=
stand könnte dieses System nie erlangen, zu einem guten Ende nie
führen. Dauernden Bestand kann nur ein solches System haben,
das den nicht=magyarischen Volksstämmen Ungarns für deren Be=
wegung in den verschiedenen Kreisen des öffentlichen Lebens volle
Freiheit im Gebrauche und billige Gegenseitigkeit in der Anwendung
ihrer Muttersprache sichert und gewährleistet. Das täglich erstarkende
Selbstbewußtsein der nicht=magyarischen Volksstämme Ungarns ist
eine Thatsache von nicht zu leugnender Bedeutung, die von Gefahr
für die innere Ruhe des Königreichs werden kann, wenn man den
Widerstreit, worin die von verschiedenen Seiten gestellten Forderun=
gen gerathen, fortwuchern läßt. Je weiter die Wünsche einzelner
Plänemacher sich versteigen, desto dringender scheint es geboten, durch
billige Regelung dieser Verhältnisse allen Ueberspanntheiten ein Ende
zu machen. Wenn einige Wortführer der Slovaken und Ruthenen
Ungarns die Forderung stellen, daß alle Comitate, wo ihre Na=
tionalität die Mehrzahl bildet, zu eigenen Districten zusammen=
gestellt werden; wenn die Serben auf gleicher Grundlage das Wie=
deraufleben ihrer Woiwodschaft verlangen; wenn die Romanen

Ungarns und Siebenbürgens einen Nationalcongreß als oberste Behörde für das ganze von ihnen bewohnte Gebiet beanspruchen; wenn es daher nach diesen Entwürfen darauf hinausliefe, das ungarische Land zu zerreißen und eine Anzahl sprachlich geschiedener und, einmal besonders gestellt, nach stets größerer Selbständigkeit strebender Gebiete daraus zu machen; so müßte gewiß jedem, dem Ungarns Wohl und Gedeihen nicht gleichgiltige Dinge sind, alles daran gelegen sein, in diese ernste Angelegenheit dadurch Ordnung zu bringen, daß der thatsächliche Beweis geliefert würde, die gerechten Ansprüche der anderssprachigen Volksstämme Ungarns könnten, auch ohne daß an dem einheitlichen Bestande des Landes gerüttelt wird, ihre volle Befriedigung finden. Würde dagegen dieser Weg nicht eingeschlagen, würde in der vor 1848 üblichen gewaltsamen Aufbringung oder in neuester Zeit beliebten gekünstelten Einschmuggelung des magyarischen Idioms in alle Regungen des öffentlichen Lebens fortgefahren; würde durch alles dieses der trügerische Erfolg errungen, den nicht-magyarischen Nationalitäten Ungarns jedes Mittel zu naturgemäßer Lebensäußerung aus den Händen zu winden, dann müßte es allerdings dahin kommen, was vor Jahren Baron Eötvös sehr treffend, nur freilich mit einer der unsrigen gerade entgegengesetzten Nutzanwendung sagte: „Das einzige Resultat, worauf wir rechnen könnten, bestände darin, daß die von der Oberfläche des öffentlichen Lebens weggedrängte Bewegung desto mehr in die Tiefe greifen und daß der Antagonismus, welcher jetzt gegen die ungarische Sprache gerichtet ist, sich dann gegen den ungarischen Staat, gegen die Einheit des Landes richten würde." *)

Die Magyaren sollten einsehen, daß sie noch ein ganz besonderes Interesse haben, in der innern Verwaltung ihres Landes den Wünschen und Bedürfnissen der anderssprachigen Nationalen in vollstem Maße gerecht zu werden. Bekanntlich hat Ungarn seine Ansprüche auf Gebiete und Länder, die je einmal im Laufe seiner Geschichte zu ihm gehörten, niemals aufgegeben. Nachdem Dalmatien 1797 durch den Frieden von Campoformio, und dann wieder 1815 durch den Wiener Congreß dem österreichischen Länderbestande zugetheilt worden,

*) Die Nationalitätenfrage. S. 165.

erschien unter den Postulaten der Landtage von 1802 und von 1825/7 die Wiedereinverleibung des neu erworbenen Landes mit Ungarn, dem es einmal durch König Koloman zugetheilt, obgleich bald darauf von Venedig wieder abgenommen worden war. Was von Dalmatien, gilt nach ungarischem Staatsrecht auch von Bosnien oder Rama, von Serbien und Bulgarien, von der Moldau und Walachei *), und sicher gibt es Viele im Lande, denen in ihren politischen Träumen ein Wiedererstehen des ungarischen Reiches in dem Umfange seiner einstmaligen ausgedehnten Gränzen als das letzte Ziel ihrer patriotischen Wünsche gilt. Nun denn, meinen sie sich diesem ihrem Ziele zu nähern, wenn sie von einem Systeme nationaler Vergewaltigung nicht ablassen wollen, das ihnen selbst inner den gegenwärtigen Gränzen Ungarns einen großen Theil der Bevölkerung mehr und mehr entfremdet? Meinen sie nicht, daß vielmehr das gerade entgegengesetzte System vollständiger nationaler Gleichberechtigung geeignet wäre, sowohl die auf dem bisherigen Gebiete Ungarns verschiedensprachig weilenden Stämme mit dem magyarischen Elemente zu versöhnen, als auch den jenseits des eisernen Thores und des Rothenthurmpasses angesiedelten Völkerschaften, wenn es der Gang der geschichtlichen Ereignisse mit sich brächte, den Wiederanschluß an Ungarn erträglich, ja wünschenswerth zu machen?

Wir unsrerseits wollen jener Theorie veralteter staatsrechtlicher Ansprüche, die sich durch entgegenstehende anderseitige wieder aufheben lassen, hier nicht tiefer auf den Grund sehen; wir glaubten an sie bloß um der Nutzanwendung willen erinnern zu sollen, die sich daran knüpfen ließ und die auf den Gesammtstaat Oesterreich die gleiche Anwendung leidet wie auf Ungarn. Sicher kann kein österreichischer Staatsmann sein Auge den Eventualitäten verschließen,

---

*) Virozsil Juris publ. regui Hungariae Specimen VI. (Budae, 1854) p. 37 s.: „Territorium Regni Hungariae latissimo sensu cunctas ditiones ad jurisdictionom S. regni hujus coronae pertinentes, etiam eas quae hodie non amplius in nostra potestate sunt, complectitur", ita quidem, „ut, licet nonullae earum (ditionum) actu sub aliena potestate existant, juri tamen suo in illas legitime quaesito semperque pro viribus sustentato ac renovato nunquam plene cessisse censeatur corona Hungariae." S. dann weiter S. 39—47.

denen früher oder später eintretende Ereignisse auf dem Gebiete der Balkan-Halbinsel Thür und Thor öffnen möchten. Wenn man dann von russischer, von französischer und englischer Seite zuzugreifen versuchen, wenn der kleine hellenische Staat seine Gränzen bis an den See von Skutari und das Hämusgebirge hinauszurücken streben wird, werden wir müßige und ruhige Zuschauer abgeben können? Allein auch abgesehen von dem sprüchwörtlichen Hinsiechen des „kranken Mannes", die Entwicklung der allgemein-europäischen Angelegenheiten selbst legt es dem österreichischen Staatsmanne nahe, bei Zeiten auf eine Politik bedacht zu sein, die unser Kaiserreich, wenn der Augenblick der Krisis heraufkommt, nicht der dringendsten Gefahr aussetzt, auf eine politische Größe zweiten Ranges herabgedrückt zu werden. Der Drang des heutigen staatlichen Lebens von Europa geht unverkennbar dahin, große Gebietskörper zu schaffen die einander das Gleichgewicht zu halten im Stande sind, und es bedarf wohl keines weitläufigen Beweises, daß Oesterreich inmitten dieses unverkennbaren Dranges der wichtigsten seiner Nachbarstaaten weder gleichgiltig noch unthätig bleiben dürfe. Oesterreich wird müssen mit der Zeit größer werden, wenn es nicht mit der Zeit kleiner werden soll. Nach welcher Seite hin bietet sich ihm aber die Möglichkeit einer Gebietserweiterung? Selbst wenn es in Italien Lombardo-Venetien wieder gewänne, wäre das nicht eigentliche Erwerbung, sondern nur Zurückbringung von Verlorenem zu nennen. An der Unverletzlichkeit und Untheilbarkeit der Schweiz wird Oesterreich unter allen Umständen am besten thun nicht zu rütteln. Gegen Bayern könnte im Falle eines für beide Theile günstigen Ausgleiches der zwischen Tyrol und Salzburg hineinragende Keil von Reichenhall und Berchtesgaden in Frage kommen. Gegen Preußen wurde aus Anlaß der Schleswig-Holstein-Frage von manchen Seiten auf die Abrundung unserer böhmisch-schlesischen Gränzen durch den Wiedererwerb des Glätzischen und jenes Landstriches von Preußisch-Schlesischen hingewiesen, der vom Berliner Cabinet schon während des Wiener Congresses Oesterreich angeboten wurde. Weiter können nach dieser Seite die Wünsche einigermassen besonnener Politiker wohl kaum gehen, und es sieht sich daher Oesterreich immer wieder das Gebiet der untern Donau und auf das dalmatinische Hinterland gewiesen, mit denen die innigsten Beziehungen anzuknüpfen in seinem wahren und eigentlichen Interesse liegt.

Könnte aber eine Politik solcher Art das exclusiv-deutsche Oesterreich mit Erfolg betreiben? Deutsche Sprache und Bildung haben vielfach und seit lange Einfluß auf die Entwicklung der meisten österreichischen Länder genommen und werden dies voraussichtlich auch in Zukunft; aber darum behaupten, diese Entwicklung sei von Anfang her und durchaus eine deutsche gewesen, und werde und könne auch in Zukunft nichts als eine deutsche sein, heißt einerseits der geschichtlichen Vergangenheit der wichtigsten österreichischen Länder Gewalt anthun, und heißt andrerseits vor dem gerade in der neuesten Zeit kräftig und selbstthätig sich entfaltenden Nationalsinn der bedeutendsten nicht-deutschen Volksstämme Oesterreichs die Augen verschließen. Und ebenso begeht einen argen Mißgriff, wer den Beruf Oesterreichs nach auswärts darin erblickt, „deutsche" Sprache und Bildung nach Osten zu tragen. Als Beruf Oesterreichs in dieser Hinsicht kann höchstens angesehen werden, mitteleuropäisches Wissen und Wesen nach Osten zu tragen und dieser Beruf würde von vorn herein alles Erfolges bar gehen, wenn man die deutsche Sprache als das einzige oder auch nur vorzüglichste Mittel ansehen wollte ihn zu erfüllen. Gerade im Gegentheile lassen sich von Schritten, welche die kaiserliche Regierung in dieser Richtung zu machen hätte, nur dann gedeihliche Folgen versprechen, wenn auf unsere, der mitteleuropäischen Bildung und fast aller Hebel und Mittel zur Besserung ihrer Zustände noch entbehrenden südöstlichen Nachbarn durch das Medium ihrer eigenen Landessprachen zu wirken versucht und wenn daher der Pflege dieser Sprachen, die fast durchaus bedeutendere Abzweigungen auf dem Gebiete des österreichischen Kaiserstaates haben, von Seiten unserer Regierung größere, aufrichtigere und eindringlichere Sorgfalt als bisher zugewendet würde. Der deutschen Sprache wird dabei, das wolle man sich gesagt sein lassen, immerhin eine bedeutende Rolle zufallen, ja diese Rolle wird auf natürlichem ungezwungenem Wege eine wichtigere werden, als sie dies auf künstlichem aufbringlichem Wege je werden könnte. Die deutsche Sprache wird, wenn die Beeinflußung des Orients von uns anstatt von Rußland ausgeht, die Aufgabe der

Vermittlung in allen höhern Schichten der Bevölkerung überneh=
men und wird in dieser Weise an Ausdehnung ihres Verständnisses
und Literatur=Gebietes in demselben Maße zunehmen, in welchem
sie sich in solchen Dingen, wo sie anderweitig gleichberechtigte Fac=
toren verletzen möchte, zu bescheiden wissen wird.

Denn nur das decentralisirte Oesterreich ist es, mit dessen
Annahme alle sonst drohenden Gefahren verschwinden, alle sonst zu
hegenden Befürchtungen sich in die glückverheißendsten Aussichten
umwandeln. Das decentralisirte Oesterreich wird den deutschen An=
gelegenheiten, mit denen seine Interessen seit mehr als einem Jahr=
tausend auf das innigste verflochten sind, keineswegs den Rücken
kehren; aber es wird darüber die andern nicht minder wichtigen
Angelegenheiten nicht vernachlässigen, die es durch den ganzen Ver=
lauf seiner Geschichte in den lebhaftesten und folgenreichsten Verkehr
mit den Ländern des ehemals byzantinischen, nachher türkischen Rei=
ches gesetzt und erhalten haben. Das decentralisirte Oesterreich ist
aber auch kraft seiner innern Politik in der günstigsten Lage, diesen
Verkehr zu unterhalten und ihn für beide Theile zu einem Heil
und Gedeihen bringenden zu machen. Denn die innere Politik des
decentralisirten Einheitsstaates setzt auf ihre Banner die beiden
inhaltsschweren Losungsworte: Selbstverwaltung und Gleichberech=
tigung; Selbstverwaltung in allen innern Angelegenheiten der ein=
zelnen Gebietstheile, und Gleichberechtigung der verschiedensprachigen
Volksstämme. Das ist eine Idee, das ist ein positives Programm,
bei dem sich nicht bloß ein Theil der Regierten wohl befindet, wäh=
rend der bei weitem größere Theil die Befreiung von dem Druck
des Systems anstrebt; sondern unter dessen Walten sich alle Theile
des Reiches zu dem gleichen Antheil an staatlichem Wachsthum und
Gedeihen berufen fühlen und das eben deßhalb dem Hinzutritt
neuer Glieder, die der Strom der Ereignisse ihm etwa zuführen
möchte, in der ungezwungensten Weise den Weg bereitet. Das de=
centralisirte Oesterreich, sagte treffend ein böhmisches Blatt (nur
gebrauchte es statt „Decentralisation" den von uns gemiedenen Aus=
druck „Föderation"), „ist geeignet, alle österreichischen Nationalitäten
zu befriedigen, soweit deren Gelüste nicht auf eine Oberherrschaft
über andere hinauslaufen". Das decentralisirte Oesterreich, fügen

wir bei, ist aber eben darum auch geeignet, die jenseits unserer Gränzen befindlichen Nationalitäten mit unseren Zuständen zu befreunden, sie ihnen beneidens= und begehrenswerth erscheinen zu lassen. Und wird dann die schwere Stunde der Entscheidung gekommen sein, dann kann Oesterreich, von einem solchen Geiste seiner Politik geleitet und durchdrungen, ohne Bangen der Entwicklung der Ereignisse jenseits seiner südlichen Gränzen entgegenblicken. Mögen die von den drohenden Blicken des Halbmondes befreiten Christenstämme der untern Donau sich zu eigenen Staatskörpern bilden, oder mögen sie es vorziehen einem großen ihnen die Vortheile der Macht und Stärke bietenden Staatsganzen sich beizugesellen, immer werden es die Länder unseres Kaiserstaates sein, an denen sie den natürlichsten Rückhalt und Stützpunkt im einen, den natürlichsten Anschluß im andern Falle finden müssen. Das ist es denn auch, was die russischen Politiker sehr wohl fühlen und warum ihnen bei dem Gedanken an eine solche Wandlung der österreichischen Geschicke nicht recht behaglich zumuthe wird. „Das decentralisirte Oesterreich", so äußerten sich die „Moskovskija Vědomosti" bei einem solchen Anlasse, „könnte eines der Donauländer nach dem andern verschlingen und in gleichem Maße an sich heranziehen, als jene von dem geschwächten Organismus abfallen, dem es an der Lebenskraft gebricht sie bei sich zu behalten."

Gewiß liegt es nicht im Interesse Rußlands, aber ebenso gewiß liegt es im Interesse des ganzen übrigen Europa, daß die orientalische Frage nicht ihrer Lösung entgegenreife, ohne daß Oesterreich ein hervorragender Einfluß dabei gesichert sei. Denn ohne Zweifel könnte es weder England noch Frankreich gleichgiltig sein, wenn die Länder der Balkan-Halbinsel, oder auch nur ein größerer Theil derselben Rußland zur Beute würden. Umgekehrt würde Rußland seine letzten Kräfte anstrengen müssen, wenn die Westmächte, deren Einfluß und Ländergebiet schon nach andern Seiten hin in fortwährendem Wachsen begriffen ist, in seiner unmittelbaren Nachbarschaft festen Fuß fassen wollten. Dem Hellenenthum endlich die Herrschaft über das ganze illyrische Dreieck zutheilen, hieße nichts anderes, als die orientalische Frage permanent machen, sie nach der einen Lösung in einer andern Gestalt wieder aufkommen zu lassen. Das Widerstreben, die Feindschaft, ja der Haß gegen das hierarchische Fanariotenthum ist unter den slavischen und romanischen Völkerstämmen der europäischen Türkei nicht geringer, nicht weniger erbittert und tief gewurzelt, als gegen die Herrschaft der türkischen Paschas und Steuerbeamten, und ein Schrei der Entrüstung würde durch alle Schichten jener Völker gehen, sollten sie neben dem unerträglichen Aussaugungssystem der griechischen Geistlichkeit auch dem politischen Drucke einer ihnen durchaus fremden Nationalität zum Opfer fallen.

Die Zukunft eines großen Theiles der untern Donau- und Hämus-Länder gehört Oesterreich an, und es sehe sich bei Zeiten vor, sich diese Zukunft nicht zu verscherzen. Denn geschähe das, dann würde unser Kaiserstaat mit seiner großen und ruhmreichen Vergangenheit abzuschließen haben und die Ausdehnung der Herrschaft des „weißen Zar" bis an die Gränzen der westlichen Hälfte unserer Monarchie wäre nur eine Frage der Zeit.

* * *

Kehren wir noch einmal zu dem Punkte zurück, von dem wir ausgegangen. Der Russe Fadějev hat die orientalische Frage in ihrer dreifachen Abzweigung: der polnischen, der panslavischen und der Schwarzenmeer-Frage, als eine Lebensfrage Oesterreichs erkannt, aber als eine solche in negativer Richtung.

Wir konnten, in unserem zweiten Abschnitte, nicht umhin zu gestehen, daß Fadějev mit seiner Ansicht, soweit sie unsere bisherige, seit nicht ganz einem Jahrhundert herrschende auswärtige Politik, sowie die Politik gewisser unter diesem Schutze großgezogener nationalen Hegemonien betrifft, leider in vollem Rechte sei.

Wir haben jedoch die Ueberzeugung und glauben selbe durch die Ausführungen unsers dritten Abschnittes dem geneigten Leser nahegelegt zu haben,

daß unsere seitherige auswärtige Politik im Vereine mit den verschiedenen nationalen Hegemonien nicht diejenige sei, die den wahren Verhältnissen und Bedürfnissen des österreichischen Gesammtstaates entspricht —

daß vielmehr eine solche Politik eingeschlagen werden müsse, die einerseits allen dem Kaiserreiche angehörigen einer selbstbewußten Existenz und Entwicklung im staatlichen Leben fähigen Nationalitäten in gleichem Maße gerecht wird, und die andererseits die eigenthümliche durch geschichtliche und staatsrechtliche Verhältnisse begründete Stellung der Bestandtheile, aus denen unsere Monarchie zusammengefügt erscheint, in einer mit dem Bestande und dem Wohle der Gesammtheit verträglichen Weise berücksichtigt —

daß endlich der decentralisirte Einheitsstaat diejenige Form sei, in welcher den eben bezeichneten Forderungen genügt wird.

Mit dieser Umstaltung seiner Politik tritt Oesterreich in seinen eigentlichen und wahren, weil den natürlichen Verhältnissen seiner Völker und seiner Zusammensetzung entsprechenden Beruf und an die Stelle des bisher blos negativen Zieles seiner Erhaltung d. h. der Abwendung seines Zerfalles, tritt ein positives: das der fortschreitenden Entfaltung und Entwicklung der in seinem Schoße vorhandenen Kräfte. Wie oft haben wir, seit sich Oesterreich aus der großen Gefahr der Jahre 1848 und 1849 glücklich herausgearbeitet, die Phrase von den „unerschöpflichen Hilfsquellen" unserer Monarchie vernehmen müssen! Sie war in der That bisher kaum mehr als eine Phrase. Denn einerseits sind die Hilfsquellen, aus denen wir die empfindlichen Schläge die uns nacheinander getroffen nach Möglichkeit auszubessern, frische Kräfte zu sammeln, uns von neuem emporzuraffen suchen mußten, in der That nicht unerschöpflich, wie nichts unter dem Monde unerschöpflich ist. Aber unausgebaut waren und sind diese reichen Hilfsquellen allerdings noch zu einem großen Theile, und nur eine durchgängige Neugestaltung unserer innern wie äußern Politik kann uns in den vollen und wirksamen Gebrauch derselben setzen. Denn unausgebaut ist vor allem fast durchaus der ungeheure Fond von geistiger Kraft, der in unserer den verschiedenen Culturracen unseres Welttheils angehörigen Bevölkerung als ein vielfach noch ungehobener Schatz aufbewahrt liegt; und unausgebaut ist bis zur Stunde fast gänzlich jenes riesige Capital von sittlicher Kraft, das jeder Regierung, die es versteht mit den eigensten Gefühlen und Strebnissen ihrer Völker in einverständlichem Sinne zu handeln, die reichlichsten Zinsen tragen muß. Es läßt sich wohl sagen, daß unsere Staatskunst bisher auch nicht eine Ahnung davon hatte, welch' entscheidende beherrschende siegreiche Stellung Oesterreich einnehmen könnte, wenn es sie und sich selbst begriffe. Oesterreich in seiner wahren Natur erkannt und erfaßt ist kein Gestirn das im Sinken, sondern eines das im Aufsteigen begriffen ist. Oesterreich hat seine weltgeschichtliche Sendung nicht erfüllt, es hat sie noch nicht einmal in Angriff genommen. Unsere Feinde müssen es uns sagen, daß wir in den wichtigsten die Zukunft des europäischen Ostens bestimmenden Fragen den Schlüssel in Händen haben; wir haben es uns noch nicht gesagt, und noch weniger haben wir etwas gethan, das bewiese, daß wir von diesem Schlüssel zu unserem Vortheile Gebrauch zu machen wissen.

Nehmen wir die polnische Frage. Unter den drei Theilungsmächten ist Oesterreich allein in der beneidenswerthen Lage, den Anforderungen einer seit einem Jahrhundert von Mißgeschick und Unglück verfolgten Nation ohne Gefährdung seiner eigenen Staatswohlfahrt in reichem Maße gerecht zu werden. Preußen muß seiner Eigenthümlichkeit nach in seinem Posener Antheile germanisiren, Rußland muß um seiner mitteleuropäischen Stellung willen in den litauischen und volhynischen Gouvernements entschieden, im Weichselgebiete nach Möglichkeit russificiren: das decentralisirende Oesterreich allein kann seinen Polen und Ruthenen die Grundlagen ungehinderter nationaler Entwicklung bieten, und damit nicht blos die Bedingungen einer befriedigten Existenz gewährleisten, sondern auch die Aussichten in eine glücklichere Zukunft offen halten.

Wie stellt sich der decentralisirte Einheitsstaat zur panslavisch-romanischen Frage? Auch in dieser Hinsicht kommen Oesterreich die günstigsten Verhältnisse zu statten. Es besitzt innerhalb seiner Gränzen sehr bedeutende Abzweigungen sowohl der slavischen als der romanischen auf dem Gebiete der Balkan-Halbinsel vorherrschenden Racen. Von der Art und Weise, wie Oesterreich seine eigenen Völker zu behandeln weiß, muß es abhängen, wie sich dieselben zu den ihnen stammverwandten Massen jenseits unserer Gränzen stellen. Behandeln wir sie schlecht, so werden die Unsern zu den Andern hinüberblicken; behandeln wir sie gut, so werden die Andern zu uns herüberblicken. Nun denn, so behandeln wir sie gut, und aller Vortheil wird auf unserer Seite sein! Gönnen wir ihnen nicht blos freie nationale Entwicklung, sondern beschützen und fördern wir dieselbe, so viel in unsern Kräften steht! Thun wir, was Rußland thun würde, wenn ihm so günstige Voraussetzungen zu Gebote ständen! Zum Beispiel: ergänzen wir die theologische Lehranstalt in Czernovitz durch Hinzufügung philosophischer, juridischer, medicinischer Studien zu einer romanischen Universität; wecken wir in dem alten Blüthesitz südslavischer Dichtung, in unserem Ragusa, die Bedingungen nationaler Wissenschaft und Bildung; errichten wir in Prag und Wien Lehrkanzeln für die romanischen und südslavischen Idiome; ziehen wir intelligente Kräfte, die in ihrer cis- oder transbalkanischen Heimat keine ihnen zusagende Verwendung finden, an unsere wissenschaftlichen Institute; wählen wir aus unserem romanischen und südslavischen Nachwuchs die geeigneten Leute, welche an unsern Consulatsposten für österreichische Interessen mit Erfolg wirken, die im ganzen Orient für Oesterreich noch immer nicht zur Gänze erloschenen Sympathien von neuem anfachen und beleben, einen regen Verkehr zwischen unsren fortschreitenden und ihren des Fortschritts bedürftigen Zuständen anknüpfen können — und wir werden sehen, wie sich in der kürzesten Zeit alles, was man bisher von Wien aus mit mißtrauischen Blicken wahrzunehmen sich gewöhnte, eine ganz andere, eine neue glückverheißende Gestalt annehmen wird. Dabei werden wir keinem feindseligen Widerstreben begegnen, als nur von jenen Seiten, von wo man es ausgesprochen, wir mögen uns anstellen wie wir wollen, auf unsern Schaden abgesehen hat. Wo das übrige Europa jeden Fortschritt, den das übermächtige Rußland in den Gegenden des illyrischen Dreiecks macht, mit unverhohlener Mißgunst verfolgt, da wird es jedem neuen Sieg, den unsere Civilisation in jenen Gebieten zu erringen weiß, mit freudigem Zuruf begrüßen.

Fassen wir zuletzt noch die Bosporus-Frage in's Auge, so ergeben sich die Folgerungen für Oesterreichs künftige Stellung von selbst. Wessen Oesterreich von dem Gebiete der Balkan-Halbinsel unerläßlich als unmittelbares Eigen bedarf, ist der Besitz des kroatisch-dalmatinischen Hinterlandes, also jedenfalls der größere Theil von Bosnien und die Hercegovina. Im übrigen braucht Oesterreich nicht auf Eroberungen auszugehen. Es kann sich vollständig an den nationalen Sympathien und an dem moralischen Einflusse genügen lassen, die ihm unter den oben angedeuteten Voraussetzungen gesichert sind und die sich durch beiden Theilen ersprießliche Abmachungen in nationalökonomischer und commercieller Hinsicht und vorzüglich im Punkte der Verkehrsmittel fortwährend stärken und festigen lassen. Wie sich dann immer im einzelnen die Schicksale der Gebiete des illyrischen Dreiecks gestalten mögen, unser maßgebender Einfluß wird unerschüttert bleiben. In der großen Frage: Ob Oesterreich? ob Rußland? werden dann jedenfalls nicht wir es sein, der sich bangen Besorgnissen hinzugeben hat. Wir werden Rußland keinen Krieg machen; aber wir werden uns auch durchaus nicht zu scheuen haben, wenn Rußland uns Krieg machen wollte. Die durch die Freiheit unserer Institutionen und die allseitige Gerechtigkeit unserer nationalen Haltung gewonnenen Sympathien der aufstrebenden Stämme im illyrischen Dreieck werden unsere festeste Schutzwehr, werden zugleich, wenn es darauf ankommt, unsere freudigsten Bundesgenossen sein. Wir werden dann nicht mehr das lange vermeinte und als solches behandelte exclusiv-deutsche Oesterreich, wir werden dann das auf der Grundlage nationaler Gleichberechtigung erbaute österreichische Oesterreich sein, von welchem am 24. October 1848 in der Paulskirche unser Abgeordneter Mühlfeld — der Mann deutscher Abstammung und Erziehung inmitten der Versammlung deutscher Männer! — die ebenso schönen als wahren Worte sprach: „Mag dann Oesterreich die deutsche Cultur und Sitte nicht mehr nach dem Süden und Südosten tragen, aber die Freiheit wird das freie Oesterreich dorthin bringen, und um so sicherer, wenn es als Föderativ-Staat mit Gleichberechtigung der verschiedenen Nationalitäten besteht, wenn es den fremden Völkerschaften Freiheit ohne Herrschaft bringt!"

* * *

So wären wir denn am Schlusse jener Betrachtungen angelangt, zu denen uns die Schrift des Generals Fadějev über die militärischen Kräfte Rußlands und über die orientalische Frage den Anstoß gab, und wir vermögen das Ergebniß derselben in der kurzen Gegeneinanderstellung seiner Folgerungen und der unsern zusammenzufassen:

Der Russe sagt:

Den Schlüssel zur Lösung der polnischen, panslavischen und Schwarzenmeer-Frage hat Oesterreich in der Hand —

Entwinden wir Oesterreich diesen Schlüssel —

Und der europäische Osten ist Rußlands!

Wir dagegen sagen:

Den Schlüssel der orientalischen Frage hat Oesterreich in der Hand —

Behalten wir diesen Schlüssel und wissen wir den rechten Gebrauch davon zu machen —

Und der europäische Osten ist Oesterreichs!

Druck von Adolf Holzhausen in Wien
k. k. Universitäts-Buchdruckerei.